PSICANÁLISE DO SENSÍVEL

IVANISE FONTES

PSICANÁLISE DO SENSÍVEL

Fundamentos e Clínica

EDITORA
IDEIAS&
LETRAS

DIRETOR EDITORIAL: Marcelo C. Araújo

EDITORES:
Avelino Grassi
Edvaldo Manoel de Araújo
Márcio F. dos Anjos

COORDENAÇÃO EDITORIAL:
Ana Lúcia de Castro Leite

COPIDESQUE:
Ana Lúcia de Castro Leite

REVISÃO:
Bruna Marzullo

DIAGRAMAÇÃO:
Juliano de Sousa Cervelin

CAPA:
Tamara Pereira Souza

Todos os direitos em língua portuguesa, para o Brasil, reservados à Editora Ideias & Letras, 2020.

4ª reimpressão

EDITORA
IDEIAS&
LETRAS

Rua Barão de Itapetininga, 274
República - São Paulo/SP
Cep: 01042-000 – (11) 3862-4831
Televendas: 0800 777 6004
vendas@ideiaseletras.com.br
www.ideiaseletras.com.br

Dados Internacionais de Catalogação na Publicação (CIP)
(Câmara Brasileira do Livro, SP, Brasil)

Fontes, Ivanise
    Psicanálise do sensível: fundamentos e clínica / Ivanise Fontes. – Aparecida, SP: Ideias & Letras, 2010.

    Bibliografia
    ISBN 978-85-7698-072-8

    1. Psicanálise I. Título.

10-08551   CDD-150.195

Índice para catálogo sistemático:

1. Psicanálise do sensível: Psicologia 150.195

Para Edna Vilete

Sumário

Apresentação – 9

A. Psicanálise do Sensível – Fundamentos – 13
   1. A Memória Corporal e a Transferência – 15
   2. Transferência – Uma Regressão Alucinatória – 23
   3. O Corpo Mascarado e o Tempo Sensível – 35

B. O Corpo na Origem do Psiquismo – 45
   4. O Registro Sensorial das Impressões Precoces – 47
   5. A Ternura Tátil – 61

C. Transferência: Casos Clínicos – 71
   6. Caso R. – Construindo uma Pele Psíquica – 73
   7. A Adição sob a Ótica da Psicanálise do Sensível – 87
   8. Depressão e Regressão em Análise à Luz
      de uma Psicanálise do Sensível – 103

D. Sobre os Autores: P. Fédida e J. Kristeva – 117
   9. Pierre Fédida – Uma Homenagem Particular – 119
   10. Júlia Kristeva e o Tempo Sensível – 133

Bibliografia – 141

Apresentação

Com o título *Psicanálise do Sensível – fundamentos e clínica*, apresento esta coletânea de artigos que tem a intenção de um resgate da sensorialidade na teoria e técnica analíticas. Originalmente esses artigos foram publicados em revistas especializadas em Psicanálise, no Rio de Janeiro e São Paulo, no período de 2000 a 2008.

Considerar o corpo sensível do paciente levou-me a investigar a existência de uma memória corporal. Em *Memória corporal e transferência*, livro anterior publicado em 2002, formulei a hipótese defendida em tese de doutorado na Universidade Paris 7: as impressões sensoriais da mais tenra infância podem ser despertadas, no curso de uma análise, pelo fenômeno da transferência.

Sejam somatizantes, casos-limite ou personalidades aditivas, essas patologias consideradas "modernas" apresentam como denominador comum dificuldades quanto à representação psíquica. Em função disso a Psicanálise precisou interrogar sobre o percurso que vai do ego corporal, como Freud o chamou, ao ego psíquico. Esse território do pré-representacional ou transverbal é ainda pouco explorado – daí a importância, a meu ver, de um estudo aprofundado sobre a dimensão do corpo na constituição do psiquismo.

É muito reconfortante identificar autores contemporâneos, psicanalistas com obras reconhecidas, voltados para a questão do corpo na gênese da vida psíquica. Muitos deles atribuem à sensorialidade, ou ao "período sensível" dos tempos precoces, a condição de fundamento do afeto e do pensamento.

São eles: D. Anzieu, G. Haag, F. Tustin, J. Kristeva, P. Fédida, W. Winnicott entre outros. Ingleses e franceses, pensando, cada um a sua maneira, o lugar do sensorial na Psicanálise. Estando, portanto, em boa companhia e tendo nesses autores referências de base, reafirmo nesta atual obra meu interesse pela compreensão do arcaico, dos elementos pré-ou sem representação.

O livro está dividido em quatro partes:

A. Psicanálise do Sensível – Fundamentos
B. O Corpo na Origem do Psiquismo
C. A Transferência – Casos Clínicos
D. Sobre os autores: P. Fédida e J. Kristeva

No primeiro tema três artigos tratam da fundamentação teórica. Inicialmente, para situar o leitor sobre o ponto de partida da Psicanálise do sensível, há um resumo das ideias da tese da autora. O segundo artigo pretende apontar novos elementos para a noção de transferência, considerando-a como uma regressão alucinatória. Um terceiro texto utiliza o formato de um tríptico (obra de artes plásticas composta por três painéis), visando uma reflexão sobre o corpo mascarado e o tempo sensível.

Para falar do corpo na origem do psiquismo, as postulações de duas autoras, F. Tustin e G. Haag, foram escolhidas por suas descobertas na clínica do autismo e na observação de bebês. Seus estudos sobre a formação do ego corporal são extremamente pertinentes.

Sintetizando a investigação sobre os registros sensoriais precoces, o artigo *A Ternura Tátil* revela a pesquisa de pós-doutorado da autora no Laboratório de Psicopatologia Fundamental da PUC-SP.

Destaco aqui a terceira parte com o relato de casos clínicos convidando o leitor a acompanhar a clínica da Psicanálise do sensível. São três os artigos que constituem essa temática. No Caso R, no primeiro texto, temos a descrição do trabalho analítico de construção de uma pele psíquica. No segundo, sobre as adições, duas pacientes mulheres, com sintomas de obesidade e alcoolismo, são analisadas sob o ponto de vista do autismo como paradigma. Algumas telas do pintor F. Bacon contribuem para identificar as angústias em questão. No último, o caso de um paciente homem em depressão propicia uma reflexão sobre o processo de regressão em análise.

Para finalizar, a quarta parte homenageia os psicanalistas J. Kristeva e P. Fédida. Mostro a influência de suas obras em meu trabalho. Da primeira, tive a oportunidade de receber supervisão clínica; do segundo, a orientação de tese. Devo a eles a inspiração para concretizar o projeto de doutoramento.

Diante da presente ameaça a nosso espaço psíquico nos tempos atuais, faz-se necessária uma retomada da experiência sensível. Ela é a possibilidade de ligar corpo e afeto, promovendo o acesso à representação e à linguagem.

Penso que atribuir um adjetivo à Psicanálise, como venho fazendo – Psicanálise do sensível –, resulta numa redundância. Redundância, porém, necessária para retomar o diálogo interrompido entre Corpo e Psicanálise.

Inicio então este novo livro citando D. Anzieu, o grande mestre do Eu-Pele:

> A vida psíquica começa pelos estados ora de sensorialidade ora de sexualidade. ... A sensação é a prova imediata de minha existência inseparável da existência do mundo. Ela é no espírito a manifestação primeira de vida. Eu sinto, então eu sou. Eu sou vivo na medida em que eu sinto. Daí o recurso eventual ao paraíso artificial para que eu me faça sentir. Daí a busca eventual de dor para me acordar do estado de não ser, de não integração de si, para dar a meu espírito a consciência pela experiência de uma sensação forte (D. Anzieu, 1993/2004).

A

Psicanálise do Sensível – Fundamentos

A MEMÓRIA CORPORAL E A TRANSFERÊNCIA[1]

Cada indivíduo marca seu corpo segundo as impressões de sua infância precoce. Essas experiências vividas não podem ser rememoradas pela linguagem, pelo discurso do paciente, porque elas foram impressas num registro sensorial. O interesse suscitado por esse tema tornou-se uma tese de doutorado na Universidade Paris 7 que realizei sob orientação do Prof. Pierre Fédida com o título *A Memória corporal e a Transferência*.[2]

Essa pesquisa partiu de uma necessidade de repensar a técnica psicanalítica. No trabalho analítico com pacientes somatizantes podemos reconhecer que as manifestações corporais colocam em evidência o conflito, e é por meio delas (sintomas, gestos, posturas...) que as associações podiam ser feitas, da mesma forma que utilizamos o jogo na análise da criança. A partir daí a investigação ampliou-se a outras estruturas psíquicas, e a existência de uma memória sensorial seguiu sendo o tema.

---

[1] Trabalho apresentado no Colóquio Internacional Nicolas Abraham e Maria Torok no outono de 2004, em Paris, e publicado no livro intitulado *Psychanalyse, histoire, rêve et poésie* (Psicanálise, história, sonho e poesia) sob a direção de Claude Nachin, Paris, Ed. L'Harmattan, 2006.

[2] FONTES, I., *La Mémoire corporelle et le transfert* (1999), Villeneuve d'Ascq, Presses Universitaires du Septentrion.

A problemática se inscreve num eixo doutrinal que supõe que uma memória corporal, constituída de fragmentos de impressões sensoriais da tenra infância, é despertada no curso de uma análise pela *regressão alucinatória da transferência*. Dois autores foram escolhidos como fundamentais: S. Freud e S. Ferenczi. Nesta comunicação foram selecionadas algumas citações que mostram o interesse do inventor da Psicanálise e de "seu vizir secreto" pelo assunto.

Segundo Ferenczi, "nos momentos em que o psiquismo falha, o organismo começa a pensar".[3] Em realidade o corpo já estava lá onde a história se fazia. O corpo é testemunha de todas as circunstâncias vividas pelo indivíduo. Ele não esquece e mantém a memória do acontecimento. Ferenczi afirma também que "as sensações desagradáveis continuam a vibrar em alguma parte do corpo".[4]

Em seu artigo sobre as lembranças encobridoras (1899), Freud nos diz: "Não se discute o fato de que as experiências dos primeiros anos de nossa infância deixaram marcas indeléveis nas profundezas de nossas mentes. Entretanto, se procuramos averiguar em nossas lembranças quais foram destinadas a nos influenciar até o fim da vida, o resultado é: ou absolutamente nada ou um número relativamente pequeno de recordações isoladas, que são frequentemente de importância duvidosa ou enigmática". E acrescenta: "O enigmático reside no fato de que estamos sob o jugo ou sob o efeito, durante toda a nossa vida, dessas impressões precoces. Esse efeito é o infantil que perdura em cada indivíduo. E o que nos deixa perplexos é que essas impressões de infância, as mais poderosas e soberanas pela

---

[3] FERENCZI, S., Journal Clinique (1932),1985, Paris, Payot, p. 49.
[4] FERENCZI, S., *Notes et fragments* (1930/32), in "Oeuvres complètes Psychanalyse" 4 (1927-33), 1982, Paris, Payot, p. 316.

vida inteira, não têm necessidade de deixar atrás de si uma imagem mnemônica".[5]

Em "O Homem Moisés e a Religião Monoteísta" (1939), Freud retorna à noção de impressões precoces e afirma: "Essas experiências inaugurais produzem fortes impressões e são relativas ao corpo próprio ou a percepções sensoriais principalmente de ordem visual e auditiva".[6] Assim a história pessoal é registrada, logo no início, por meio das sensações, dos movimentos do corpo, e é somente bem mais tarde que as lembranças incluirão a linguagem. A ideia de "eindrücke" (impressão) freudiana é utilizada um grande número de vezes na obra inteira. Ela torna-se um conceito essencial por designar a receptividade do dispositivo pulsional e psíquico em relação ao vivido. A impressão, sequela direta da experiência vivida, é, segundo ele, um elemento fundamental de um processo mnemônico que, a princípio, não é informativo, e sim energético.

Partindo da afirmação de P. Fédida de que "é pela transferência que se enuncia repetitivamente no presente o impronunciável do infantil",[7] podemos pensar que a transferência é propícia ao despertar da memória corporal do paciente. Na relação analítica, entre os fenômenos que fazem aparição, o analisando pode sentir experiências sensoriais já vividas, revelando assim que elas fizeram parte de sua história. A história do indivíduo ficou em seu corpo.

---

[5] FREUD, S., *Les souvenirs-écrans* (1899), in "Névrose, psychose et perversion", 1973, Paris, P.U.F., p. 113-132.
[6] FREUD, S., *L'Homme Moïse et la religion monothéiste* (1939), 1986, Paris, Folio-essais Gallimard, p. 161-162.
[7] FÉDIDA, P., *La construction – introduction a une question de la mémoire dans la supervision*, in "Revue Française de Psychanalyse", tome XLIX, Paris, PUF, 1985.

Ao invés de considerar apenas as associações de ideias, este trabalho propõe incluir igualmente, no processo analítico, as associações de sensações. Trata-se, na verdade, de evidenciar presença da sensorialidade. Por meio do fenômeno da repetição, característica fundamental desse processo, as sequelas de impressões deixadas pelas experiências "originárias" registradas em uma memória corporal poderão retornar.

A transferência se presta a uma reprodução das sensações anteriormente experimentadas. É algo que se manifesta bruscamente, por meio do aparelho visual, auditivo, olfativo etc., quase como uma alucinação, oferecendo as condições de um retorno do material inconsciente não somente recalcado, mas registrado numa outra ordem – a ordem do sensorial.

A transferência fornece a possibilidade de repetição, mas o que é repetido nessas circunstâncias são fragmentos de sensações, mais do que representações recalcadas.

Devemos levar em conta que analista e analisando são remetidos ao que Fédida chama *estranheza da transferência*,[8] provocada por esses "efeitos especiais" de uma memória corporal despertada.

É uma sensação corporal inesperada que adentra o espaço analítico, indicando uma experiência já vivida. O essencial, nesse caso, não está na evocação das palavras, de cadeias associativas, de deslocamentos e condensações, mas na irrupção de uma sensação similar ao advento de um ato falho.

Ferenczi defendia a ideia de uma tendência à regressão tanto na vida psíquica quanto na vida orgânica.[9] A análise não chega a

---

[8] FÉDIDA, P., *L'angoisse dans Le contre-transfert ou l'inquiétante etrangeté du transfert*, in "Revue Topique", n. 41, Paris, Épi, 1988.
[9] FERENCZI, S., *Thalassa – essai sur une théorie de la genitalité* (1914/15-24), in "Oeuvres complètes", t. III (1919-1926), 1977, Paris, Payot, p. 313.

nada sem a regressão, segundo ele.¹⁰ A transferência é o "lugar" privilegiado para isso, em razão de seu aspecto regressivo alucinatório.

Para que as experiências de regressão alucinatória se instaurem é preciso uma densidade já estável da relação. Somente a partir daí o analista estará em condições de suportar e metabolizar as expressões intensas que constituem "o inédito que há na transferência",¹¹ como formulou M. Torok.

Devemos retornar, então, ao que Ferenczi chamava "transe"¹² para nomear esses momentos em que a dupla analítica se encontra de uma maneira particular. Do ponto de vista de M. Torok, uma demanda indireta é endereçada ao analista: assumir o papel de "médium" para acolher as catástrofes ligadas ao trauma.¹³ A arte deste "analista-médium" seria de saber convocar, chamar, ressuscitar por todos os meios que sua imaginação lhe fornece, esses momentos traumáticos.

Segundo P. Fédida, é graças à força de imaginação analógica e metafórica do analista que o paciente pode tirar proveito terapêutico de sua regressão no tratamento.¹⁴

É preciso se deixar levar por essa comunicação não verbal, sensorial, para ter acesso à vida psíquica inconsciente do paciente e,

---

[10] FERENCZI, S., *Thalassa – essai sur une théorie de la genitalité* (1914/15-24), in "Oeuvres complètes", t. III (1919-1926), 1977, Paris, Payot, p. 167.
[11] TOROK, M., COVELLO, A. et GENTIS, R., *Entretien autour de S. Ferenczi in Bloc-notes de Psychanalyse* n. 2, 1982, p. 46-47.
[12] FERENCZI, S., *Principe de relaxation et néocatharsis* (1929), in "Oeuvres complètes", Psychanalyse 4 (1927-1933), 1996, Paris, Payot, p. 92.
[13] TOROK, M., COVELLO, A. et GENTIS, R., *Entretien autour de S. Ferenczi,* in "Bloc-notes de Psychanalyse" n. 2, 1982, p. 46-47.
[14] FÉDIDA, P., *La Régression, formes et déformations,* in "Revue Internationale de Psychopathologie" (1994), Paris, P.U.F.

por esse caminho, ter "a sorte eventual de metabolizar a autossensualidade inominável em discurso conciliável",[15] desde o ponto de vista de J. Kristeva.

Se essa modalidade de comunicação não for considerada, perde-se a possibilidade de eficácia do processo analítico.

Quando uma relação analítica encontra-se num nível primário, ou seja, quando a transferência atinge níveis mais arcaicos, as palavras não são mais possíveis, e as sensações têm lugar. Segundo M. Torok, a linguagem é uma desmaternalização, que sobrevém, portanto, ulteriormente.[16]

Certos pacientes, ao imporem dificuldades técnicas, exigem que o analista encontre palavras com mais capacidade sensorial. Elas devem recuperar sua relação com o corpo para se tornarem representativas. Tentar religar palavras às sensações que originalmente lhe forneceram seu sentido é dar corpo à linguagem.

Dessa forma as palavras nutrem-se das sensações, não são mais vazias. Nesse momento, então, faz-se a passagem da sensação à ideia. Há linguagens dessensorializadas, linguagens mortas. Há, por conseguinte, um grande trabalho a ser feito em análise para restituir a vitalidade da língua. Pacientes narcísicos costumam expressar-se por meio de palavras desvitalizadas e, no tratamento, ao fazer essa espécie de reaquecimento da fala, isso lhes permite investir o pensamento.

Assim esta comunicação ao Colóquio N. Abraham e M. Torok visa a utilidade de revalorização do sensível face à algumas patolo-

---

[15] KRISTEVA, J., *Le contre-transfert: une hystérie réveillé* (1992), in "Revue Internationale de Psychopathologie", n. 5, Paris, P.U.F., p. 55.
[16] TOROK, M. et ABRAHAM, N., *L'Écorce et le Noyau* (1978), Paris, Champ Flammarion, 1987, p. 421.

gias contemporâneas, tendo como denominador comum uma incapacidade de representação.

Nesse sentido as ideias de Julia Kristeva em seu livro *As Novas Doenças da Alma*[17] contribuíram muito à compreensão do lugar do sensorial na teoria e técnica psicanalíticas atuais.

Para terminar, retornaremos à Freud em seu texto de 1938, no qual ele nos diz que "não nos surpreendemos o suficiente com o fenômeno da transferência. O analisando reencarnar em seu analista um personagem do passado é muito estranho".[18]

E esse verbo, reencarnar, envia-nos ao cerne de nosso tema. Reencarnar significa fazer-se carne novamente. Do latim *incarnare*, representar (uma coisa abstrata) sob uma forma material e sensível, um corpo carnal.

Ao constatar que, na transferência, uma reencarnação teve lugar com toda a conotação de "tornar-se carne", podemos considerar que a "verdadeira" repetição é a que escapa à representação. No que concerne às paixões precoces, não há representações para registrá-las, só há o corpo para fazê-lo.

"A lembrança fica impressa no corpo e é somente lá que pode ser despertada",[19] como o dizia S. Ferenczi.

---

[17] KRISTEVA, J., *Les Nouvelles Maladies de L'Âme* (1993), Paris, Fayard.
[18] FREUD, S., *Abregé de la Psychanalyse* (1938), 1967, Paris, P.U.F., p. 42.
[19] FERENCZI, S., *Notes et fragments* (1930/32) in "Oeuvres complètes Psychanalyse" 4 (1927-33), 1982, Paris, Payot, p. 300.

2

TRANSFERÊNCIA
UMA REGRESSÃO ALUCINATÓRIA[1]

"É na transferência e pela transferência que se enuncia repetitivamente no presente o impronunciável do infantil."[2] Tendo como ponto de partida essa afirmação de Pierre Fédida (1985), pretendo investigar o impronunciável, ou melhor, o inominável que se repete na transferência. Essa temática fez parte da pesquisa por mim empreendida no Laboratório de Psicopatologia Fundamental da PUC-SP, cujo título é "A dimensão corporal da transferência – evoluções da técnica analítica".

O que consideramos "dimensão corporal" da transferência cria condições de acesso à experiência sensorial precoce do sujeito e reinscreve a atuação do analista. É este aspecto que viso aprofundar, dando continuidade ao trabalho de tese de doutoramento defendido em 1998, na Universidade Paris 7, sobre "Memória Corporal e Transferência".

A questão da Memória, do Corpo e da Transferência evoca um conjunto de reflexões que, enraizando-se na clínica, ocupa atual-

---

[1] Artigo publicado na Revista Latino-americana de Psicopatologia Fundamental, vol. IV, n. 2, São Paulo, Escuta, 2001, p. 18-28.
[2] FÉDIDA, P., *La construction* (introduction à une question de la mémoire dans la supervision), in "Revue Française de Psychanalyse" n. 4, 1985, Paris, P.U.F., p. 178.

mente o centro da escuta analítica, e talvez aponte perspectivas para o próprio futuro da Psicanálise.

Na transferência, o surgimento de sensações anteriormente vividas mas ainda não interpretadas pelo indivíduo está sempre latente. Um detalhe físico do analista pode, por exemplo, reativar a aparição do que chamamos "memória corporal". Na maioria dos casos são momentos de uma inquietante estranheza que se manifestam bruscamente, por meio dos aparelhos visual, auditivo e olfativo, quase como uma alucinação, oferecendo condições para um retorno do material inconsciente, não somente recalcado, mas registrado em outra ordem – a ordem do sensorial.

Na comunicação analista-analisando é necessário então admitir, como parte inerente ao tratamento, uma via sensorial. P. Fédida propõe uma "metapsicologia das modalidades de comunicação nos processos transferenciais" (1986):

> Em várias condições o analista vê sua própria atenção se prender ao conteúdo dramático da palavra que lhe é endereçada, e suas intervenções são feitas no sentido do deslocamento transferencial. Mas, em certos momentos, essa atualização faz desaparecer toda a associatividade de que a palavra seria capaz, se o vivido foi mantido pelo que ele é, a saber, uma formação alucinatória do desejo.[3]

Do mesmo modo que a poesia reenvia-nos a uma experiência de sensação(ões), por meio de uma sequência de palavras fora

---

[3] Fédida, P., *Modalités de la communication dans le transfert et moments critiques du contre-transfert,* in "Communication et Représentation", Paris, P.U.F., 1986, p. 79-80.

de uma lógica discursiva, a transferência se presta ao encontro das vicissitudes da experiência vivida, numa reprodução de sensações anteriormente experimentadas.

Faz-se necessário considerar o corpo sensível do paciente – tal qual ele aparece à escuta do analista – e interrogar que conjuntos de dispositivos analíticos levariam em conta a extraordinária presença do corporal.

Se a interpretação dos sonhos é uma via possível e importante para o acesso às impressões precoces, queremos considerar também a possibilidade de observar um retorno das impressões sensíveis traumáticas, não resolvidas, por meio do fenômeno de "regressão alucinatória" da transferência.

Costumamos referir-nos à transferência como um enigma. A partir do desenvolvimento das ideias aqui apresentadas, talvez possamos aproximar-nos de uma decifração de parte de seu caráter enigmático.

Regressão e Repetição

Em suas *Deduções Bioanalíticas*, Ferenczi defendia a ideia de uma tendência à regressão em ação tanto na vida psíquica como na vida orgânica. Ele acreditava que nos seres vivos existe uma espécie de inconsciente biológico: um modo de funcionamento e uma organização pertencentes a fases da evolução do indivíduo e da espécie há muito tempo ultrapassados. Ele não agiria somente como ordenador clandestino dos funcionamentos orgânicos manifestos; também, em certos casos particulares, ele suplantaria, por suas tendências arcaicas, os funcionamentos vitais aparentes. Ele cita o exemplo do sono e do coito: nesses dois estados toda a vida psíquica (e em parte também física) regride a um modo de existência pré-natal, provavelmente mais antigo igualmente sob o plano filogenético.

É em sua obra *Thalassa – psicanálise das origens da vida sexual* que a noção de regressão vai ocupar um lugar de destaque: "Sem ela a psicanálise não chega a nada".[4] Seguindo a lei de Haeckel, Ferenczi considera que: se o analista dispõe de meios para imaginar, analogicamente, o que escuta do paciente, então uma sessão equivale à uma sequência ontogenética que recapitula a infância filogenética da espécie no indivíduo.

Freud também, com seu filogenetismo (manuscrito de 1915 reencontrado em 1983: "Visão de conjunto das neuroses de transferência"), via nas formas mórbidas mais severas o retorno a estados anteriores, uma restituição da herança arcaica da humanidade.

A circunstância da transferência favorece, portanto, extraordinariamente, a instauração das mais refinadas manifestações. Analista e analisando são colocados em uma situação em que os movimentos regressivos podem ter lugar, níveis sensoriais incluídos.

Em seu artigo "A Regressão – formas e deformações", P. Fédida (1994) reconhece a verdadeira função restauradora da regressão e afirma que o que limita o uso que fazemos habitualmente desse conceito é nosso "psicomorfismo". Acrescenta: "Ele privaria o analista desta fantasia de formas, de deformações e de transformações que, no entanto, lhe são sugeridas pelas expressões teratológicas dos sintomas".[5]

Ele acredita que, graças à potência de imaginação analógica e metafórica do analista, o paciente pode extrair recursos terapêuticos de sua regressão no tratamento.

---

[4] FERENCZI, S., *Thalassa – essai sur une théorie de la génitalité* (1914/15-24), in "Oeuvres complètes" t. III (1919-1926), 1977, Paris, Payot, p. 289.
[5] FÉDIDA, P., "La Régression, formes et déformations", op. cit., p. 46.

Quando consideramos a primazia atribuída por Freud ao corporal como memória do lugar de fixação – tendo visto que essa é a expressão da regressão da libido –, podemos pensar que, no processo analítico, esse movimento de retorno a um estado de desenvolvimento anterior se produz por meio das manifestações do corpo.

Em seu artigo "O ISSO em letras maiúsculas," J. -B. Pontalis (1997) reconhece esse aspecto. "Trata-se mais de percepções, de impressões frequentemente confusas, do que de signos objetiváveis; e estas impressões são certamente diferentes para cada analista."[6]

E mais adiante no mesmo texto:

"Não são representações que faltam nesses momentos de desamparo extremo, nestes tempos de imobilidade psíquica que experimenta o analista tanto quanto o paciente, pois eles são nesse momento coniventes. Mas elas não se deslocam mais, permanecem no lugar e vêm misturadas, confusas, apenas diferenciadas pertencendo a diversos registros (vista, ouvido, olfato)". E acrescenta: "A esse mito da alucinação primordial, a esta busca de que Freud denomina a 'identidade de percepção' de que a identidade de pensamento não é senão um substituto, nós não renunciamos jamais completamente".[7]

É a partir dessa perspectiva que propomos evidenciar o aspecto regressivo alucinatório da transferência.

Por meio do fenômeno de repetição, característica fundamental do processo de transferência, as sequelas de impressões deixadas pela experiência de um tempo precoce podem retornar.

---

[6] PONTALIS, J-B., *O ISSO em letras maiúsculas* (1997), trad. Port., in Revista Percurso n. 23 (p. 5 ap. 15), abril/2000.
[7] Ibid.

Esse material "carnal" retorna, evidentemente, buscando ser representado.

Está em jogo a capacidade do analista de interpretar esses enunciados corporais. Face à angústia arcaica do paciente, o analista se encontra numa situação delicada – é o momento em que a memória corporal se manifesta, em lugar da linguagem verbal. E o corpo do analista é implicado nesse processo. Por meio da vivência contratransferencial ele pode entrar em contato com essas experiências primitivas do paciente. Uma teorização da contratransferência torna-se indispensável então para dar conta da verbalização dessa sensação.

Se o analista encontra seu lugar de recepção sensório-cinestésica, o paciente poderá "comunicar" seus signos sensoriais e transmitir vivências de intimidade e de estranheza.

É nesse sentido que a Pesquisa em Psicanálise deve orientar-se, tratando de verificar que novos procedimentos o analista buscará acionar para, como nos dizia S. Ferenczi, encontrar uma capacidade de entrar em sintonia com as sensibilidades do paciente.

P. Fédida sugere uma investigação a respeito da técnica do xamã, por meio da obra de Levi-Strauss, no sentido de refletir sobre a gestualidade e a eficácia terapêutica desse tipo de tratamento. A análise desse tipo de intervenção e suas técnicas curativas de acesso ao sintoma do paciente podem servir de paradigma para o tema em questão.

Trata-se de saber como o analista pode intervir, como pode dar conta das experiências corporais que se encontram presentes na transferência. A presença do corporal coloca o problema da interpretação naquilo que não passa pela regra verbal.

Será que evoluímos em nossa concepção de interpretação – esta que produzimos no tratamento, formada no interior do material de sensações que recebemos de nossos pacientes? É esse não verbal, mais bem designado como sensorial ou sensual, que está em jogo. Será que, de alguma forma, a interpretação se dá na capacidade gestual – que permite ao paciente receber as palavras do analista com, digamos, o material que é de sua própria experiência transferencial?

A apreensão pelo analista da angústia arcaica corporificada, vivida pelo paciente, implica a "utilização" de seu próprio corpo. Segundo P. Fédida, o analista precisa "ressoar" a comunicação do paciente, isto é, deve produzir algum eco em seu próprio corpo, de modo que, por meio da vivência contratransferencial, possa entrar também em contato com as experiências primitivas do paciente.

Alucinação

Coloca-se em evidência uma reatualização da sensorialidade pela transferência. O retorno de fragmentos de impressões sensoriais da mais tenra infância – sensações de cheiros, sabores, impressões visuais – é indício para uma "construção em análise", assim como Freud a denominou.

É justamente no texto "Construções em análise" que Freud menciona a presença ocasional de verdadeiras alucinações, surgidas no curso da análise, certamente não psicóticas: "Talvez seja um caráter mais geral da alucinação, que até agora não foi suficientemente valorizado, que nela retorna alguma coisa de vivido e depois esquecido dos tempos precoces, alguma coisa que a criança viu ou ouviu numa época em que ela mal sabia falar, e que se impõe nesse momento à consciência, verdadeiramente deformada e deslocada sob o efeito das forças que se opõem a um tal retorno".[8]

---

[8] FREUD, S., *Construções em análise* (1937), Edição Standard Brasileira das Obras Completas, Imago Editora, 1975, p. 302.

O retorno do infantil é então convocado para esclarecer o surgimento da alucinação. Daí se tornar importante pensar que a transferência, como o sonho e sua memória do infantil, é de fato o lugar privilegiado para que a regressão alucinatória se dê.

Segundo S. Freud, "as experiências inaugurais produzem fortes impressões e são relativas ao corpo próprio ou às percepções sensoriais, principalmente de ordem visual e auditiva".[9]

Admitimos que a alucinação antecede o pensamento, mas não podemos dizer que o pensamento é originariamente alucinatório? A atividade alucinatória concerne de início a mãe, o corpo da mãe, tornando possível a constituição do autoerotismo.

Se aceitarmos a ideia da transferência como condição de uma retomada do círculo da forma autoerótica, podemos certamente esperar o advento de regressões alucinatórias durante a análise. Pelo viés das sensações corporais, o paciente entra em contato com registros que fizeram parte de sua história pessoal, as "marcas registradas" de apreensão de seu universo.

Segundo C. Parat, autora cuja obra é de grande valia para o presente tema, o essencial reside na possibilidade de reconstruir, com a ajuda de fragmentos disparatados, um segmento de história que, verbalizada, possa ser devolvida a seu proprietário. Nesse sentido a experiência corporal no tratamento, por meio da transferência, fornece a possibilidade de reintegrar o paciente a sua história.

Sabemos que o acesso às sensações do sujeito falante exige uma retórica ampliada e sutil. Para C. Parat é preciso se deixar levar, penetrar, invadir pelas sensações e imagens para compreendê-las, reaprendê-las e devolvê-las ao paciente sob uma forma verbal que

---

[9] FREUD, S., *O Homem Moisés e a religião monoteísta* (1939), Edição Standard Brasileira das Obras Completas vol. XXIII, Imago Editora, 1975, p. 93.

este possa sentir como sua, privilegiando intervenções em que as palavras encontrem maior capacidade sensorial.

É importante lembrar que nossa presença, enquanto analistas, mesmo silenciosa, é viva. Nosso semblante é visto e percebido, ao menos na chegada e na saída. Nossa voz é portadora de um ritmo e de uma entonação que são captados, além ou aquém das palavras. "Isso faz do analista uma superfície sensível na qual o outro virá perceber seu reflexo."[10]

É preciso que o analista exerça sua imaginação e capacidade de regressão para poder ter acesso a esse material fornecido pelo paciente.

Registros Sensoriais Precoces

Freud (1926), em "Inibição, sintoma e angústia", considera que há muito mais continuidade entre a vida intrauterina e a primeira infância do que a cisão imprecisa do ato do nascimento nos permite acreditar. Podemos então admitir que registros sensoriais precoces permaneçam presentes e retornem como alucinações, memórias de um tempo que podemos chamar sensível.

Nesse sentido fazemos nossa a interrogação de G. Haag, psicanalista voltada para a observação de bebês:

> Sem esse vaivém incessante entre a observação dos fenômenos de transferência e a observação direta dos fenômenos do desenvolvimento, a teoria psicanalítica, em todo caso no que concerne aos fundamentos do psiquismo, nascido com Freud sob esse modelo de funcionamento, não irá se esclerosar? E também nossa experiência

---

[10] PARAT, C., *À propos de la thérapeutique analytique,* in "Revue Française de Psychanalyse" n. 1, 1991, Paris, P.U.F., p. 313.

clínica se fixando sobre o conhecido, determinada a fazer entrar toda experiência nos moldes adquiridos, o estudo teórico se reduzindo então à exegese dos textos?[11]

G. Haag concebe a experiência sensorial como fundamento do afeto e do pensamento, interrogando simultaneamente o que chama de "a observação dos fenômenos de transferência" e "a observação direta dos fenômenos de desenvolvimento". Esse duplo processo tem trazido contribuições sem precedentes para a técnica analítica e se insere nas reflexões deste artigo. Textos como "Do nascimento físico ao nascimento psíquico"e "Estruturas rítmicas do primeiro continente" são essenciais à compreensão de como as experiências registradas precocemente retornam, dentro da situação analítica, por meio da regressão alucinatória da transferência.

Freud (1939), em seu texto "O Homem Moisés e a religião monoteísta", vai reafirmar que a gênese da neurose invariavelmente remonta a impressões muito primitivas da infância e acrescenta, em nota de pé de página, que: "Torna-se absurdo dizer que se está exercendo a Psicanálise quando se excluem do exame e da consideração precisamente esses períodos primitivos, como acontece em certos lugares" (aqui são críticas feitas por Freud às opiniões de Jung).[12]

Para fazer reconstruções não é indispensável ao analista a observação de bebês, mas essa experiência pode ser de grande valia para aumentar sua capacidade de entrar em ressonância com os

---

[11] HAAG, G., *La mére et le bébé dans les deux moitiés du corps*, in "Neuropsychiatrie de l'enfance", 1985, Cannes, p. 107.
[12] FREUD, S., (1899), *Névrose, Psychose et Perversion*, cap. "Les souvenirs-écrans", Paris, P.U.F., p. 159.

mais arcaicos fantasmas, que ressurgem no tratamento e que têm sempre uma raiz infantil.

Diversos autores, como G. Haag, F. Tustin e D. Houzel, têm formulado que os estados de sensações originais adquirem uma importância fundamental no desenvolvimento da imagem do corpo e no sentido de self. A "produção de formas" advindas das sensações corporais é para F. Tustin o elemento de base do funcionamento afetivo, estético e cognitivo.

A partir do fluxo primitivo de sensações não coordenadas, passa-se por essa "produção de formas" até chegar a ter um corpo que as contenha – essa é a experiência do tornar-se humano.

Observamos então que a percepção analítica durante o tratamento é transferencialmente uma recepção dessas formas, que se tornam figuráveis pela linguagem, e graças a ela podem ser engendradas novas formas.

A situação analítica é feita para acolher essas sensações, e é preciso que a sensação seja interpretada. Seu retorno como memória corporal se deve ao fato de que não fora anteriormente representada, tornando-se assim uma inquietante estranheza.

Sintomatologia Contemporânea

Os analistas atualmente vêm se deparando com toda uma sintomatologia que evoca a deficiência simbólica, ou melhor, apresenta uma simbolização estereotipada, pré-fabricada.

Diante da constatação de que vivemos uma redução espetacular do espaço psíquico provocada pelas condições da vida moderna, podemos observar a crescente dificuldade ou incapacidade de representação. Dificuldades relacionais e sexuais, sintomas somáticos, impossibilidade de se expressar e mal-estar gerado pelo emprego de uma linguagem sentida como artificial, vazia ou robotizada conduzem os novos pacientes ao divã do analista.

Esses pacientes, sejam eles casos-limite, somatizantes ou falsos selves, nos impõem impasses técnicos justamente no que diz respeito a essa ligação entre o corpo e a palavra. Essa carência de representação psíquica, que entrava a vida sensorial, sexual e intelectual, pode atingir o próprio funcionamento biológico.

A aquisição de uma palavra que possa devolver ao sujeito sua capacidade de representação psíquica é princípio do tratamento analítico.

Mais do que nunca se faz necessária uma revalorização do sensível. A exploração clínica e conceitual do arcaico transverbal, dos elementos pré- ou sem representação impõe-se como tarefa no centro da pesquisa atual em Psicanálise.

3

O CORPO MASCARADO E O TEMPO SENSÍVEL[1]

Tenho hoje aqui esta data – 11 de setembro –, um ano após a catástrofe de Nova York, como pano de fundo de minha palestra. Creio que, apesar de não tratar diretamente daquele fato histórico e político, o que venho expor se integrará em alguns aspectos, infelizmente, daquele evento.

Pretendo dividir esta exposição em três partes e convido-os a estabelecer os pontos de contato entre elas para debatermos a seguir.

Parte I

"O que usar contra rugas de expressão? Botox ou Dysport?" São esses os dois fabricantes, apresentados por uma matéria do jornal *O Globo* (31/03/2002), que disputam o papel de eficiência máxima contra as marcas do tempo.

---

[1] Conferência proferida no Ciclo de Conferências 2002 do Círculo Psicanalítico do Rio de Janeiro, cujo tema geral foi Máscaras do Sujeito, no dia 11 de setembro de 2002, e publicada originalmente nos Cadernos de Psicanálise do Círculo Psicanalítico do Rio de Janeiro, ano 24, n. 15, Rio de Janeiro, 2002, p. 191-199. Agradeço a leitura atenta deste texto e os comentários dos membros do grupo de pesquisa "Psicanálise do sensível": Sílvia Calmon, Anita Hirszman, Mônica Portela e Beatriz Mano.

Como funciona a toxina botulínica desses produtos? Ela bloqueia os impulsos nervosos de músculos selecionados, causando uma paralisia transitória. Ela impede assim os movimentos repetitivos desses músculos que, inibidos, se enfraquecem, suavizando as rugas.

A dermatologista gaúcha Doris Heczel é especialista no uso combinado de Botox e técnicas de preenchimento, continua nos informando *O Globo*. Diz que seu trabalho é tanto técnico quanto artístico. Ela cita como exemplo sua técnica de reconstituição dos lábios para deixá-los em forma de coração, como os da ex-miss Adalgisa Colombo. Palavras suas:

> Adalgisa sabe que uso seus lábios como modelo. O trabalho é técnico-artístico porque cada paciente tem singularidade de músculos e pele.

Doris fez essas declarações no encontro anual da American Academy of Dermatology ladeada pela canadense descobridora pioneira do Botox para fins estéticos e da americana conhecida como "a rainha da lipoaspiração" de Nova York.

Mas com o biólogo francês J. Didier Vincent aprendo algo que me intriga sobre a expressão facial das emoções. Em seu livro em coautoria com o filósofo Luc Ferry intitulado *O que é o homem?* (Ferry, 2000), leio:

> Há uma gama fabulosa de nuances afetivas que esculpem o rosto humano, mesmo que consideremos o número de emoções de base como seis: a cólera, o medo, a tristeza, a alegria, a repulsa e a surpresa. Sendo que as três últimas não têm equivalentes nos primatas não humanos.

Do ponto de vista evolutivo, isso corresponde ao desenvolvimento da musculatura e, no caso do homem, à capacidade de dissociar os movimentos dos lábios dos das narinas.

O que é curioso, segundo ele, é sabermos que, pelo fato de o homem ser onívoro (ecletismo de alimentos), ele desenvolve músculos faciais múltiplos. Isto é, a anatomia complexa da face é ligada aos hábitos alimentares da espécie. (O que é um elogio aos *gourmands*...)

Darwin – nosso teórico da evolução – escreveu um livro intitulado *As expressões da emoção no homem e no animal* (Darwin, 1965) no qual ele diz:

> Devemos compreender que diferentes músculos são ativados nas diferentes emoções, porque, por exemplo, as extremidades das sobrancelhas são levantadas e os ângulos da boca abaixados numa pessoa em sofrimento ou em ansiedade.

Ele tem razão ao pensar que certo número de contrações musculares é suficiente para se depreender com precisão o estado emocional de um sujeito.

Para ainda concluir o que nos traz a esse respeito a Biologia: a atividade dos músculos faciais dispara diretamente as reações neurovegetativas específicas. Daí realmente fazer sentido a afirmação: "os sujeitos estão emocionados porque eles têm um 'ar' emocionado". Quando eu ativo conscientemente meus circuitos cerebrais que comandam a execução da mímica expressiva, uma cópia da instrução será enviada às regiões do meu cérebro que comandam meu coração, minha circulação e minha respiração, a fim de que meus nervos, meus humores e minhas vísceras entrem em acordo com a emoção vivida por meu corpo. E sem falar no que é acionado enquanto memória corporal inconsciente.

Creio que, dito isso, a questão da paralisia de um músculo facial para resolver justamente as rugas de expressão já nos dá o que pensar. Dra. Doris que me desculpe...

Parte II

São duas as questões que me coloco: O que caracteriza o humano? Em que estaríamos sendo afinal atingidos pela chamada "sociedade do espetáculo"? Inspirada na obra de Júlia Kristeva sobre *As Novas Doenças da Alma* (Kristeva, 2002), obtenho algumas respostas.

O homem moderno, segundo ela, vê-se ameaçado em seu espaço psíquico. Habitante de um tempo fragmentado, mal reconhece sua fisionomia.

Com a pergunta "Quem tem ainda uma alma hoje em dia?", J. Kristeva constata uma redução espetacular de nossa vida interior. Pressionado pelo estresse, impaciente por ganhar e gastar, desfrutar e morrer, o ser humano não tem tempo nem espaço necessários para construir uma alma. Desconhece que está submetido a uma atrofia de seu psiquismo, embora tendo um corpo que age.

As novas nosografias que incluem as falsas personalidades, os estados psicossomáticos, as toxicomanias e as depressões têm como denominador comum uma incapacidade de representação. Esses pacientes também denominados "modernos" empregam cada vez mais uma linguagem artificial, vazia, robotizada. Fazem "economia" de sua vida psíquica.

Segundo J. Kristeva a espécie humana se caracteriza pela capacidade de representar. Mas essa representação psíquica precisa estar ancorada no corpo. Sua análise nos faz ver que esses pacientes sofrem de uma inibição do "tempo sensível" (Kristeva, 1994), mal este contemporâneo, que não lhes permite alcançar a simbolização.

A autora insiste no resgate da sensorialidade por ser vital restituir a ligação do corpo à palavra. Não há despertar do sujeito enquanto suas percepções e sensações não ganham significado.

Possuímos uma "caverna sensorial" como parte essencial da experiência psíquica de todo sujeito. Nela reunimos as impressões sensoriais ainda não informadas pela experiência cognitiva e frequentemente rebeldes a esta. Dessa "matéria" fazemos uso para a criatividade de nossos pensamentos.

A palavra vai utilizar-se dessa fonte para atingir uma real simbolização. Podemos dizer que a linguagem seria ao mesmo tempo física e psíquica, porque a palavra toca simultaneamente o pensamento e a percepção. Essa sua dupla natureza lhe permite estar na encruzilhada do corpo e do psíquico.

Mas não é justamente desse ponto de contato que estamos seriamente privados?

No diálogo que pretendo estabelecer com a Biologia contemporânea, volto às ideias de J. D. Vincent no livro já citado. Vejo então um traço em comum. Para ele também o que diferencia o homem do animal não se restringe à aquisição da fala. A diferença, dentro das novas descobertas do funcionamento cerebral, diz respeito à riqueza extraordinária e à abundância de representações inscritas no cérebro humano.

As áreas cerebrais ditas associativas ocupam mais de 2/3 da parte superficial do cérebro – o córtex frontal e seus neurônios possuem prolongamentos que não saem nunca dessa área, ao contrário do que se supunha, e conectam bilhões de neurônios do córtex. Lembrando a expressão de Cabanis, renomado biólogo, "o cérebro secreta o pensamento como o fígado secreta a bile". Talvez pudéssemos invertê-la e dizer que o pensamento também secreta o cérebro.

Mas essas representações inscritas no cérebro humano se confundem com as ações quando admitimos que o cérebro funciona como uma "metáfora atuante", isto é, há uma interdependência total das áreas motrizes e sensoriais. Segundo J. D. Vincent, as representações do mundo não podem ser consideradas independentemente das ações do sujeito sobre esse mesmo mundo. Ele propõe um neologismo: as "représenctations" – ou, em português: as "representa-ações".

E nesse sentido um tipo de "representa-ação" parece ser próprio do homem: a linguagem. Nela as "representa-ações" encontrariam seu veículo mais evoluído de humanização. Portanto, não basta falar – é preciso falar em conexão com o corpo.

J. Kristeva também cria um neologismo: a significância (Kristeva, 2000). Esse seria um processo mais amplo como reunião da representação-linguagem-pensamento. Para além do par significante-significado, a "significância" pressupõe a linguagem, e seu substrato pulsional, portanto, não se reduz à linguagem, apesar de compreendê-la.

Recuperamos aqui um viés da descoberta freudiana: que a "essência do homem" se especifica como um desejo indissoluvelmente energético e significante – um desejo no encontro da genética e da subjetividade. É a copresença sexualidade-pensamento.

Parte III

Salienta F. Tustin (Tustin, 1990), por meio da observação de seus pacientes autistas, que uma das primeiras angústias, talvez a mais precoce, é a de esvaziamento. Diferente da ameaça de fragmentação de nosso tenro psiquismo postulada por Melanie Klein, o que está em jogo é o medo da dissolução, de derramamento. Diz ela que é a partir do corpo, sentido pelo bebê como líquido ou mesmo gasoso – temos em realidade 70% de nosso organismo constituídos por fluídos –, que o terror de não possuir um envelope que o contenha se faz sentir.

É uma das sensações que está na base de nossa constituição psíquica: esvair-se, num risco de aniquilamento existencial. Apoiando-se nesse ponto de vista, P. Fédida (Fédida, 1991) vai considerar algumas das patologias aditivas – por exemplo, o alcoolismo – como uma tentativa de ingestão de substância, forjando um aquecimento que crie uma forma interna ilusória de consistência.

As denominadas sintomatologias modernas já citadas poderiam ser vistas dentro dessa perspectiva. Se não me sinto "envelopado" psiquicamente, corro perigo de me esvaziar pelos "buracos" de minha pele ou de meus orifícios. Faço meu corpo volumoso, "trabalho" meus músculos ou me alimento em excesso (em muita quantidade) para garantir uma "consistência" que me dê uma existência psíquica, esta sim vivida como diáfana, franzina. Essa tentativa de se "encorpar" pelo medo de desaparecer impõe um paradoxo.

Como declara um de meus analisandos tatuado, frequentador assíduo de academias de musculação: "Preocupo-me o tempo todo com meu corpo, mas sinto pouco. Cada uma de minhas tatuagens registra um acontecimento de minha vida, algum marco importante". Assim segue ele inscrevendo sua memória em seu corpo, numa prótese psíquica.

Segundo D. Anzieu, há necessidade de desenvolver envelopes psíquicos para que um sujeito se constitua. Em seu Eu-Pele (Anzieu, 1985) observamos desde um envelope tátil – a pele – até um envelope sonoro, gustativo, olfativo, muscular, térmico. A partir da experiência corporal desses diversos sentidos nasce um sujeito que se sente inteiro.

Dentro da inadequação dos estímulos a que vivemos submetidos nos últimos tempos, torna-se necessária a construção de uma armadura, um escafandro com uma aparência de eu. Mas não passa, na realidade, de um corpo mascarado, de um balão inflado.

O sofrimento persiste. Porque este corpo encouraçado fica impenetrável às sensações. Enrijecido ou emborrachado ele não permite sentir – há uma inibição do tempo sensível. Na medida em que me anestesio, vestindo um sobrecorpo muscular, por exemplo, bloqueio esse trajeto, que vai das sensações à ideia.

Aqui o ponto mais trágico de toda a questão. Inibindo o sensorial, torno-me cada vez mais distante da aquisição de uma identidade que me assegure uma existência. Sigo então procurando adicionar algo no intuito de me "encher/preencher". E perco a capacidade de produzir pensamentos (haja vista os pensamentos operatórios na maioria dos casos). Fico limitado a um corpo que atua porque se ressente das sensações. Asseguro-me de um corpo sólido, volumoso o suficiente para garantir uma existência, nem que seja artificial.

As impressões táteis, gustativas e olfativas têm a função de disparadores tanto da memória sensível, como Proust tão bem nos mostrou, quanto daquilo de que necessito para apreender o mundo. Ao bloquear essa função, anestesiando ou paralisando nossos órgãos dos sentidos, ficamos inertes psiquicamente.

Não basta lembrar o que Freud afirmou sobre o ego ser antes de tudo um ego corporal. É necessário seguir sua nota de pé de página acrescentada em 1927 ao texto "O Ego e o Id" (Freud, 1923) e ouvir dele que:

> O ego deriva em última instância das sensações corporais, principalmente daquelas que têm sua fonte na superfície do corpo. Assim, pode ser considerado como uma projeção mental da superfície do corpo e, além disso, como vimos anteriormente, ele representa a superfície do aparelho mental.

O tátil possuiria uma característica distinta em relação aos outros registros sensoriais. Por fornecer uma percepção externa e uma percepção interna (e aqui continuamos surpreendentemente com Freud), pode-se pensar que essa bipolaridade tátil prepara o desdobramento reflexivo do ego. A experiência táctil, portanto, serviria de modelo à experiência psíquica. A pele ensina o ego a pensar. Mas se a anestesiamos...

É aos detalhes sensíveis, aparentemente insignificantes e na verdade supersignificantes (um odor do quarto dos pais pela manhã, um som captado no ar, o motivo de parede de seu quarto de criança), que nosso psiquismo deve sua vivacidade.

Escuto agora Ítalo Calvino em uma de suas seis propostas para o próximo milênio (Calvino, 2001):

> Às vezes me parece que uma epidemia pestilenta tenha atingido a humanidade inteira em sua faculdade mais característica, ou seja, no uso da palavra, consistindo essa peste da linguagem numa perda de força cognoscitiva e de imediaticidade, como um automatismo que tendesse a nivelar a expressão em fórmulas mais genéricas, anônimas, abstratas, a diluir os significados, a embotar os pontos expressivos, a extinguir toda centelha que crepite no encontro com novas circunstâncias.
>
> Vivemos sob a chuva ininterrupta de imagens. Grande parte dessa nuvem de imagens se dissolve imediatamente como os sonhos que não deixam traços na memória. O que não se dissolve é uma sensação de estranheza e mal-estar.

Para ele também (e creio que a literatura mereça crédito em nosso tema) o processo de abstração, condensação e interiorização da experiência sensível é de importância decisiva tanto na visualização quanto na verbalização do pensamento.

Segundo I. Calvino, "o semblante humano é uma máscara, *a visor*".[2]

E é de máscaras que trata o ciclo de palestras. Volto ao rosto (tema da parte I) por ser a parte do corpo que mais nos identifica. E que talvez, não por acaso, receba uma máscara quando a intenção é nos perdermos no anonimato.

Baile de máscaras, carnavais de mascarados ou mesmo, como eu lia recentemente num livro de História, a máscara de ferro, usada no período colonial brasileiro como castigo imposto às escravas

---

[2] Calvino, I., *Seis Propostas para o Próximo Milênio*, S. Paulo, Ed. Companhia das Letras, 2001, p. 30.

rebeldes. Elas mantinham-na colada ao rosto para perderem sua já pouca humanidade. Nada mais torturante.

Lembro W. Winnicott (Winnicott, 1975), é claro, para quem o rosto da mãe é o espelho, ali onde o bebê se reconhece. Podemos imaginar como um espelho desses de circo, que aumenta, entorta, afina, alonga, numa multifacetada experiência, passa a ser um ambiente desfavorável. O reflexo deformado que nos é oferecido fabrica indivíduos descaracterizados, receosos de se perder no anonimato e temerosos de um caos psíquico sem tamanho.

Procurando o significado da palavra "vulto", surpreendo-me. No dicionário Houaiss encontro: parte anterior da cabeça, face, rosto, semblante; aparência, aspecto, feição; ou compleição física, corpo, corporatura; ou grandeza física, massa, volume; ou figura ou imagem pouco nítida; entre outras definições. Um vulto na multidão perde de fato seu rosto, sua identidade. A palavra contém as vicissitudes inseridas na temática que apresento.

Relato de uma analisanda com sérias dificuldades de representação: "Saio, vou aos lugares, e é como se ninguém me visse. Acho que quem até me conhece não vai me reconhecer. Passo desapercebida". E nem de máscara ela precisa...

E assim com o rosto, pelo aqui visto, o corpo vai se mascarando por inteiro, na expectativa de se autocriar.

Inevitável terminar falando de Francis Bacon, com sua obra tão impactante de rostos, corpos, carne e sangue. O pintor preferia que seus quadros tivessem vidro para as pessoas poderem ver a si mesmas. "Olhar para um quadro de Bacon é olhar para um espelho e ver nossas próprias aflições, medos de solidão, fracasso, humilhação, velhice, morte e ameaças de catástrofes inomináveis" (John Rothenstein, na introdução de Francis Bacon: *Catalogue raisonné and documentation*; 1964). Inspirada em seus trípticos escrevi este texto.

B

O Corpo na Origem do Psiquismo

4

O REGISTRO SENSORIAL DAS IMPRESSÕES PRECOCES[1]

Introdução

Minha pesquisa de doutorado[2] foi sobre a existência de uma memória corporal, constituída de fragmentos de impressões da tenra infância que seria despertada pela transferência. Mobilizada essa memória do paciente, ter-se-ia acesso, por meio do fenômeno regressivo alucinatório da transferência, à experiência precoce do sujeito.

Propondo dar crédito ao que Freud postulou em 1923 – que o Ego é antes de tudo um ego corporal – escolhi duas autoras para a tarefa de recolher informações sobre a etapa mais primitiva do desenvolvimento e suas implicações na constituição do aparelho psíquico: Frances Tustin e Geneviève Haag.

Psicanalista inglesa conhecida por seus trabalhos sobre autismo, F. Tustin nos propõe uma concepção original do pensamento fundada na sensorialidade. Pensar a partir de sensações corporais e sua transformação em conceitos e ideias é um dos eixos de sua teo-

---

[1] Artigo publicado nos Cadernos de Psicanálise da Sociedade de Psicanálise da Cidade do Rio de Janeiro, v. 19, n. 22, 2003.
[2] Em 1998, na Universidade Paris 7, defendi tese de doutorado. A pesquisa prossegue num desdobramento dessas ideias, e o presente artigo é parte do pós-doutorado que se realizou junto ao Laboratório de Psicopatologia Fundamental da PUC-SP.

ria. O bebê vive, segundo ela, num berço de sensações que o dirige para as percepções e para tudo que é cognitivo.

G. Haag partilha esse mesmo ponto de vista e, em seus inúmeros artigos publicados em revistas francesas, defende a necessidade de se aprofundar sem cessar, mais detalhadamente nas primeiras etapas da formação do ego, do ego corporal, do self, das etapas narcísicas que o próprio Freud, segundo ela, convidou-nos a explorar. Seguidora do método E. Bick de observação de bebês, seu pensamento tem sido um marco no desenvolvimento teórico e clínico da Psicanálise francesa.

Como F. Tustin, ela ressalta a fonte sensorial como fundamento do afeto e do pensamento, aliás, título de um de seus artigos: "L'Expérience sensorielle fondement de l'affect et de la pensée" (1992).

Não por acaso, as duas psicanalistas se dedicaram à pesquisa e clínica do autismo, tendo em seu pacientes infantis as pistas para a construção de um gênese do psiquismo.

Antes de iniciar uma breve exposição das contribuições das autoras, quero ressaltar um duplo movimento na posição epistemológica de G. Haag que parece fundamental para minha pesquisa: ela interroga simultaneamente aquilo que chama "a observação direta dos fenômenos de transferência" e "a observação dos fenômenos de desenvolvimento". Essa correlação me interessa particularmente e, acredito, pode trazer inovações sem precedentes para a técnica analítica.

I) F. Tustin

F. Tustin conseguiu demonstrar que os estados originais de sensações têm uma importância fundamental no desenvolvimento da imagem do corpo e do sentido do ego. As sensações seriam, portanto, raízes do psiquismo. O bebê humano normal, segundo ela, possui uma capacidade inata de produzir formas. A sensação corporal dessas "formas" é oriunda da impressão dos objetos ou das próprias substâncias do corpo do bebê.[3]

A partir do fluxo primitivo das sensações não coordenadas, passando pela produção de formas, chegar à consciência de ter um corpo que as contém – essa é a experiência do tornar-se humano.

A ênfase que a autora dá à questão da *consciência da separação física* da mãe é bastante relevante para nosso tema. Os terrores vividos em estado pré-verbal como o medo de cair, desintegrar-se, explodir, enfim, perder a linha de continuidade de sua existência, como experiências extremamente corporais, deixa suas marcas.

Ela afirma que uma reciprocidade empática a princípio promove a ilusão de *continuidade física* e então gradualmente aclimatiza o par nutriz para o fato vagamente concebido da separação. Essa ilusão permite que a mãe apoie seu bebê na turbulência que se origina da consciência da separação, separação que é experimentada como uma quebra da continuidade corporal. Uma mãe, diz ela, com inseguranças infantis intoleráveis não formuladas, acha difícil proteger seu bebê dessas projeções.

Podemos supor que a pane desse processo em graus variados se traduz em psicossomática ou é maciça em constituição de defesas psicóticas e autísticas cujo objetivo último é abolir a consciência de separação corporal.

Em geral consideramos que uma separação traumática ocorreu antes de a mãe ter se tornado bem estabelecida como experiência

---

[3] Um estudo mais detalhado dessa noção de "produção de formas" em F. Tustin pode ser encontrado nos capítulos 7 e 8 de seu livro *Barreiras autistas em pacientes neuróticos*, Porto Alegre, Ed. Artes Médicas, 1990.

psíquica interior e antes mesmo que um senso seguro de continuar a ser tivesse se desenvolvido. Mesmo se a mãe estava presente. É o caso da "mãe morta" do texto de A. Green (1983).

Lembrando Freud (1926) em "Inibição, sintoma e angústia":

> Há muito mais continuidade entre a vida intrauterina e a primeira infância do que a impressionante cesura do ato do nascimento nos teria feito acreditar (Freud, [1926] 1976, p. 162).

Nesse sentido a iminência de uma separação prematura provoca uma tentativa de evitá-la a qualquer preço. Tudo que seja "não eu" desperta intenso terror. A emergência da consciência da separação corporal traz a sensação de uma perda de parte do corpo, notadamente a boca. A construção da "concha" autística, segundo F. Tustin, tem a função de afastar todas as experiências "não eu".

No capítulo "O Desenvolvimento do Eu" em seu livro *Barreiras Autistas em Pacientes Neuróticos,* a autora descreve as experiências corporais desse tempo precoce.

Sua primeira observação, bastante pertinente, é que o termo "imagem corporal" para esses estados primitivos é inapropriado, uma vez que a criança nesse estágio é incapaz de "imaginar" no sentido exato da palavra. "Os estados primitivos parecem ser um repertório de sensações relativamente descoordenadas que são mais sentidas que imaginadas" (Tustin, [1989] 1990, p. 175). Ela prefere falar de um "moi-sensation", termo cunhado por Jonathan Muller (1981), e que tem sua tradução para o português como "self-sentido". Resumirei alguns aspectos:

A) *Líquidos e Gases*

Sua tese é a de que a princípio o "self-sentido" é experimentado em termos de líquidos e gases. O que não é surpreendente, já que o bebê emerge de um meio líquido, e sua primeira alimentação e excreções estão associadas a líquidos e gases.

Em seus estados fluidos ou gasosos a criança pode temer explodir ou vazar por meio dos buracos. Ser derramado ou explodido significa vazio, extinção, nada. Temos aqui o mesmo ponto de vista de D. Anzieu ao falar dos riscos de despersonalização por esvaziamento, pela sensação de um envelope perfurado cuja substância vital escoasse pelos buracos. Seria uma angústia não de fragmentação, mas de esvaziamento (Anzieu, [1985] 1989, p. 43).

A suavidade escorregadia do estado fluido pode ser ameaçada por inundações concretas, cascatas, redemoinhos que despertam um terror primitivo. Encontramos esse fenômeno em pacientes adultos que em sessão entram em pânico quando uma tempestade ameaça cair.

Tustin lembra que Winnicott salientava que na primeira infância o intercâmbio baseia-se na ilusão. Essa ilusão parece ser a de um fluxo e refluxo contínuo rítmico. Todos os bebês sofrem a desilusão da queda da aparente perfeição, dessa suavidade contínua, sedosa. Só que para alguns essa queda do estado de graça foi experimentada como uma catástrofe. Vivem o terror de um derramamento de sua existência, de uma dissolução. Para a criança autista o encapsulamento é uma proteção contra a ameaça de dissolução (Tustin, [1989] 1990 p. 160-173).

Nesse sentido G. Haag vai mostrar que as crianças autistas que, em tratamento, começam a sair desse horror passam a desenhar uma cruz na qual duas linhas de comprimentos iguais se cruzam. Esse fato é indício de que começam a ter uma noção de estrutura óssea interior, sustentadora, e não só líquida e gasosa.

Quanto à sensação de queda, esta pode ser vivida em sua concretude corporal. F. Tustin utiliza a descrição de um alpinista numa escalada perigosa para retratar essa experiência dolorosa e inominável de se sentir na iminência de uma separação catastrófica da mãe. As ameaças fortes ao "continuar a ser" produzem sensações de quedas das mais variadas "alturas".

O artigo sobre vertigem de D. Quinodoz (1990) pode bem ilustrar os efeitos nesse sintoma justamente da angústia de separação. Essa autora acredita que a vertigem é uma via privilegiada para abordar o estudo da relação de objetos, já que se inscreve de modo indissociável nos dois registros, psíquico e físico. O texto merece ser considerado principalmente quando fala da vertigem por fusão, forma mais primitiva do sintoma e que constitui o ponto de partida para os outros tipos apresentados. Essa vertigem fusional está diretamente ligada à pouca confiança no objeto continente e à ameaça da queda no "buraco negro" (título original do livro citado de F. Tustin).

As crianças autistas parecem ter a constante ilusão de que estão a ponto de serem derrubadas, de cair. Elas tiveram uma consciência não amortecida da separação física da mãe, sofreram essa separação em um estado imaturo de organização psíquica, e suas impressões são como de queda num abismo. Por isso, nesses casos, as férias do analista não são experimentadas como rejeição, e sim como chão que se abre a seus pés. Alguns pacientes neuróticos em suas barreiras autistas podem também apresentar a mesma sensação na transferência.

B) *Túneis e Sistema de Canos*

Os horrores e o desespero da não existência começam a ser enfrentados ao perceber que as coisas têm uma existência contínua.

Algumas atividades interessantes com túneis vão propiciando essa percepção. Entrar e sair de um túnel de tapete resseguram à criança essa continuidade. É a partir da noção de um corpo como um sistema de canos que a criança inicia uma percepção de contenção dos fluidos corporais. É de D. Rosenfeld (1981) essa ideia de que a criança vive seu corpo como um sistema de tubos que são sentidos como controlando o fluxo dos fluidos corporais. Parece que esse aspecto seria mais elementar do que a função da contenção da pele, descrito por E. Bick.

Entretanto o "sistema de canos" significa consciência de "interiores" e também consciência de situações externas e identificações com elas. É um movimento de uma consciência transitória do não Eu para o Eu.

A partir daí a criança pode mover-se para uma consciência proprioceptiva de que seu corpo tem forma e aparência coesas limitadas por uma pele que lhe dá um contorno. Sabemos que assim que a imagem do corpo começa a estar em ressonância com o corpo real um sentido mais seguro de existência e de identidade se desenvolve.

A constituição de vários envelopes (sonoro, térmico, respiratório...), como postulado por Anzieu (1985), vai ajudar a configurar essa noção de Eu.

A passagem pelo uso do espelho propicia não só um auxílio na aquisição da aparência externa do corpo, mas também a possibilidade de controle de que a imagem está lá, não desapareceu. Segundo Tustin os espelhos são coisas muito mágicas para as crianças. Ao reconhecer sua imagem no espelho e posteriormente na fotografia como representações de si mesmo, a criança caminha para a noção de autorrepresentação. Começa a perceber também que por meio da memória os objetos podem ter uma existência contínua, mesmo que eles não estejam presentes para serem tocados, vistos, manuseados. A "solidão de ser um Eu" começa a ser tolerada. Mas até chegar esse momento o percurso apresenta todas essa vicissitudes que descrevemos com as formulações de F. Tustin e que ainda iremos acrescentar com as de G. Haag.

II) Geneviève Haag

Os textos escolhidos como subsídio nesta síntese são: "Do autismo à esquizofrenia na criança" (1985), "A mãe e o bebê nas duas metades do corpo" (1985), "Hipótese sobre a estrutura rítmica do primeiro continente" (1986), "Do nascimento físico ao nascimento psicológico" (1989) e "A experiência sensorial fundamento do afeto e do pensamento" (1992). Os títulos desses artigos demonstram por si só o interesse para o qual está voltado o pensamento de G. Haag.[4]

Em seu texto "Do nascimento físico ao nascimento psicológico" (1989), ela esclarece com alguma precisão o termo "nascimento psicológico" que havia sido empregado por M. Mahler nos Estados Unidos e F. Tustin na Inglaterra sem haverem trocado essa informação. Seria um fenômeno observável entre 4 e 5 meses, quando um sentimento de início de separação corporal é testemunhado pelas respostas de participação e de reciprocidade do bebê, uma maior capacidade de estar só com a atividade autoerótica e de explorações e jogos corporais, impressões essas sentidas por quem está a sua volta, e que se conjuga com uma capacidade de pensar, de se ver "sonhando" (bebê "sonhador"), assim como o surgimento de afetos de tristeza novos – "uma pequena tristeza".

O interesse, então, de G. Haag é saber o que se passa "antes" desse começo de processo de consciência de separação – dito de outra forma, "antes" do começo do processo de separação das peles psíquicas.

Nesse sentido vemos que a simbiose normal não é uma "fusão" na qual somos engolfados, mas um longo processo complexo

---

[4] Agradeço a participação da psicanalista Beatriz Mano, mestre em Psicologia Clínica da PUC-Rio, no trabalho de reunião dos textos de Geneviève Haag e o acompanhamento na leitura dos mesmos.

indispensável para a construção de um ego corporal e do self. Há, portanto, uma "gestação psíquica" para que haja então um "nascimento psíquico". "Para poder se separar é preciso de qualquer forma interiorizar a não separação" (Haag, 1989, p. 219).

Para abordar sucessivamente as diferentes etapas de consciência de separação, é preciso ter identificações corporais instaladas em si, graças a todos esses exercícios repetitivos observáveis na gestualidade do bebê em que todo o corpo *"joue le nourrissage"*.

Cabe aqui uma observação sobre o papel do pai nessa primeira fase do desenvolvimento. O pai, diz G. Haag, não é de início aquele que corta uma simbiose imaginada sempre como perigosa. Ele é, ao contrário, aquele que a sustenta, apoiando a mãe, física e psiquicamente, para que o bebê seja convenientemente amparado, elemento primordial.

Faremos um percurso resumido pelos fenômenos que estão em jogo nessas etapas iniciais do desenvolvimento formuladas por G. Haag, seguindo suas descobertas da sensorialidade muitas vezes inusitadas.

A primeira integração sobre a qual a autora insiste trata-se do "olho no olho" combinado com o suporte posterior da junção costas-nuca-cabeça, integrando também o envelope verbal suave e combinado com a experiência propriamente oral da amamentação: peito ou bico do peito na boca.

O bebê tem necessidade não somente de beber do "bom" leite, mas também de ter bons olhos "doces" de uma mamãe que penetrem em seus olhos, e de ele também ter um olho "doce" que penetre nos olhos de uma mamãe.

Ela acrescenta a isso a importância do contato pele-costas. Relembra que a posição do feto ao final da vida intrauterina procura um máximo de contato-pele por contrapressão dos envelopes e da distensão uterina sobre a convexidade dorsal. Em seguida, com a amamentação, o bebê alia o suporte nuca-costas à experiência bucal e visual.

Essa introjeção da primeira pele psíquica avança muito em torno da idade de 2 meses, 2 meses e meio, assim que a qualidade do "olho no olho" muda ao mesmo tempo que a qualidade de sugar o polegar. G Haag frisa o caráter tátil desse intenso "olho no olho" do segundo mês de vida.

Ela afirma que "a partir desse momento o sentimento-sensação de ter esse primeiro envelope em vias de diferenciação, mas incompleto [G. Haag toma com frequência a imagem de vasos comunicantes no interior de uma pele comum], acompanha-se de um olhar que se lança no do outro, de certa forma *aprofundado* com talvez um mínimo de sentimento de 'espaço' entre as duas peles" (Haag, 1989, p. 216). Mas nesse momento a totalidade do corpo não está ainda englobada nesse processo. É, sobretudo, um "tête-à-tête". O resto do corpo se integra progressivamente num processo que ela situa entre a idade de três e cinco meses, mas que se prolonga em seguida até o fim do primeiro ano, e a interiorização do laço de dependência parece se constituir muito entre as duas metades do corpo.

Entre a idade de cerca de três meses e a idade de seis/oito meses, podemos observar que a inter-relação do bebê com um personagem maternante provoca junções corporais, particularmente entre as duas metades do corpo (mãos que se pegam e pés cruzados), e depois, um pouco mais tarde, junções mãos-pés em torno do eixo horizontal da bacia. Podemos observar quando de disjunções bruscas corpo do bebê/ corpo do personagem maternante, que o lado direito do bebê "segue" o adulto, e por vezes o lado esquerdo do bebê se agarra ao lado direito que "partiu com a mãe".

A patologia das crianças autistas, que permanecem num estado de não integração desses níveis de desenvolvimento, demonstra esse estado "mal colado" do corpo. Algumas dessas crianças devem permanecer coladas um semicorpo sobre o semicorpo do outro, em particular no "pegar a mão para fazer", tão conhecido dos autistas. Outros, enfim, comportam-se como se não houvesse mais que uma metade do corpo no estado que G. Haag denominou "hemiplegia autística".

Nas explorações desse segundo semestre da vida se dão as primeiras introjeções: ir imprimir-se no fundo do outro e deixar o outro se imprimir no fundo de si, quase em espelho. Ela se pergunta se não seria aí que se formaria uma espécie de *substância psíquica* comum e dupla, por sua vez desdobrável, outra formulação talvez para a zona comum indiferenciada da área transicional, prolongada então no autoerotismo, e suporte dos primeiros *rêveries*. Essa *substância psíquica* procura desenvolver-se na ausência do objeto em direção às explorações em busca de equivalentes simbólicas (sobre o próprio corpo, depois sobre os primeiros objetos manipulados) do encontro primordial.

Torna-se importante, antes de concluir essa resumida exposição da abordagem de G. Haag sobre o primeiro ano de vida, acrescentar, isto é, enfatizar ainda dois aspectos que ela nos apresenta:

– a dobra como forma arcaica de vida psíquica;
– a estrutura rítmica do primeiro continente.

Segundo essa autora, a dobra ou a dobradura seria a primeira forma de mentalização de continência. É isso que ela observa no material das crianças que ela acompanha por muito tempo. Essa ideia vem apoiada na noção de "teatro da boca" de Meltzer (1985): este pensa que as explorações intrabucais têm já uma significação de pensamento.

Qualquer objeto que sai e retorna à boca é a referência para a dobra, como também os sons produzidos no interior da boca. Seria necessário observar o aspecto da ritmicidade nesse fenômeno descrito. Na organização dessa sensorialidade, dessa emocionalidade primitiva, o elemento de trocas rítmicas é que permite modular todos os registros sensoriais. Seria admitir uma estrutura rítmica oscilatória de natureza quase biológica.

Passar da luminosidade à obscuridade, do frio ao quente, do cerrado ao solto são passagens que devem ser construídas pela ritmicidade.

A dupla interpenetração dos olhares, onde há um olhar que parte mas há um que retorna, pode trazer uma percepção de ondulação receptora. Esse movimento rítmico, esse vaivém, na relação do olhar pode colocar em ação a experiência da dobra.

G. Haag chamará de estrutura rítmica do primeiro continente esta mesma ilusão postulada por Winnicott de que a troca mãe/bebê parece ser um fluxo e refluxo contínuo e rítmico. Seu trabalho clínico a fez ver que, em seus estados primitivos, a criança precisa sentir que há alguém pronto a receber seu "transbordamento". Essa entidade receptora, seja a mãe ou o analista, parece à criança poder conter, reciclar e filtrar seu "transbordamento", de tal forma que não lhe permitirá perder seu controle, tornar-se uma "cascata" ou um "vulcão".

Podemos lembrar aqui a característica apontada por F. Tustin em relação aos extremos sensoriais em que se fixam as crianças autistas. As estruturas que não podem estabelecer a boa elasticidade rítmica nas zonas intermediárias parecem efetivamente apresentar essa oscilação entre os extremos (ou tudo ou nada, o duro ou o mole, o frio ou o quente, sem as nuances intermediárias). Aqui as angústias de queda ou liquefação ou o apagamento num espaço sem limite vão então ao máximo, exigindo uma necessidade de apego intenso permanente, sufocante. Em contrapartida, o outro recurso é a manutenção de uma cinestesia rítmica pelo balanceamento do corpo e da cabeça ou a agitação ritmada de um objeto que vai proporcionar as sensações de "sobrevivência".

Nesses cinco artigos aqui condensados podemos encontrar inúmeros exemplos clínicos por meio dos quais G. Haag ilustra essas suas observações cuja leitura recomendamos.

Considerações finais

Verificamos a pertinência da afirmação de P. Fédida de que "a experiência terapêutica junto a crianças autistas, assim como junto a bebês e crianças muito pequenas, certamente esclarece, sob muitos aspectos, o analista em sua prática junto a adultos (principalmente nos casos de patologia aditiva e de anorexia e bulimia)" (Fédida, [1994] 1999, p. 30).

Nesses casos a destituição de qualquer representação intervém, segundo ele, com violência sobre o pensamento, e é requerido do analista tornar-se este "espelho-membrana" do corpo do paciente (Fédida, [1994] 1999, p. 31).

Se uma das sensações que está na base de nossa constituição psíquica é esvair-se, dissolver-se, num risco de aniquilamento existencial, como nos ensina F. Tustin, poderíamos pensar, por exemplo, o alcoolismo como uma tentativa de ingestão de substância, forjando um aquecimento que crie uma forma interna ilusória de consistência.[5]

Conhecer melhor o percurso nada simples que vai do ego corporal ao ego psíquico pode servir-nos de mapa, de orientação, diante dos fenômenos de repetição das sensações mais precoces vividas na regressão em análise.

---

[5] Ver contribuições de P. Fédida sobre esse tema no capítulo intitulado "Autoerotismo e autismo: condições de eficácia de um paradigma em Psicopatologia", in *Nome, Figura e Memória – a linguagem na situação psicanalítica,* Escuta, São Paulo, 1992.

5

A TERNURA TÁTIL[1]

Introdução – Freud Precursor

Pretendo neste artigo apontar dois aspectos que julgo centrais para uma atualização da Psicanálise: o resgate da dimensão da sensorialidade na constituição primordial do psiquismo e a inclusão do corpo no trabalho de transferência.

Freud, em seu texto de 1923, "Ego e o Id", já reservava um lugar especial para o corpo na constituição do psiquismo. Não somente ele postulava a existência de um ego corporal anterior a tudo, mas chamava a atenção para a questão da superfície do corpo – a pele.

"O ego é antes de tudo um ego corporal" (Freud, [1923] 1981, p. 238), acrescentando ainda em nota de pé de página de 1927 que "o ego deriva em última instância das sensações corporais, principalmente daquelas que têm sua fonte na superfície do corpo. Assim pode ser considerado uma projeção mental da superfície do corpo e, além disso, como vimos anteriormente, ele representa a superfície do aparelho mental (Freud, S., [1923] 1981, p. 238).

---

[1] O artigo foi elaborado a partir de participação em mesa-redonda intitulada "Trauma e corpo: do sensível à representação" no I Congresso Internacional de Psicopatologia Fundamental e VII Congresso Brasileiro de Psicopatologia Fundamental, no Rio de Janeiro, em setembro de 2004 e publicado na Revista Psychê, São Paulo, em 2005.

Devido a sua bipolaridade tátil (Freud faz alusão ao fato de que sinto o objeto que toca a minha pele ao mesmo tempo em que sinto minha pele tocada pelo objeto), a pele prepararia o desdobramento psíquico do ego (eu/não eu). Seria, portanto, na pele que o ego aprenderia o psíquico. Poderíamos dizer que a pele ensina o ego a pensar.

Ainda Freud:

> Na aparição do ego e em sua separação do Id, outro fator, além da influência do sistema PC, parece ter desempenhado um papel. O próprio corpo, e antes de tudo sua superfície, é um lugar do qual podem resultar simultaneamente percepções externas e internas. É visto como objeto estranho, mas ao mesmo tempo ele permite ao tato sensações de dois tipos, podendo uma delas ser assimilada a uma percepção interna (Freud, S., [1923] 1981, p. 238).

Nesse sentido é bem pertinente a afirmação de Freud de que o ego é a projeção mental da superfície do corpo. A experiência tátil seria por assim dizer modelo da experiência psíquica.

Para D. Anzieu, o tátil, em relação a todos os outros registros sensoriais, possuiria uma característica distinta que não somente o coloca à origem do psiquismo, mas também, segundo ele, permite-lhe fornecer ao psiquismo permanentemente alguma coisa que se pode chamar de fundo mental (Anzieu D., 1989, p. 95).

O Corpo na Origem do Psiquismo

Em geral não temos ideia do quanto o corpo, desde muito cedo, está implicado na constituição do psiquismo.

Em primeiro lugar vamos precisar admitir que nascimento biológico e nascimento psicológico não coincidem no tempo. Segundo

M. Mahler, em frase de abertura de seu livro *Nascimento psicológico da criança*, o primeiro é um evento bem delimitado, dramático e observável; o último, um processo intrapsíquico de lento desdobrar (Mahler M., 1977, p. 15).

O momento em que se dá o primeiro esboço da consciência de si ocorre por volta de cinco meses, e não tem sido simples identificá-lo. A questão é tão atual que neurobiólogos, como A. Damásio, vêm pesquisando o mistério da consciência (Damásio, A., 2000). As descobertas da neurociência têm fornecido elementos para identificar cada vez mais as redes neuronais responsáveis por ações específicas, mas em que momento, exatamente, isso gera uma consciência de si ainda é obscuro. Afinal, a partir de que combinação de fatores o bebê apresenta uma primeira consciência de um eu diferenciado do mundo?

Proponho uma breve descrição do que seria o eixo central do que estamos aqui denominando "nascimento psíquico", cuja origem estaria no corpo:

Para adquirir um primeiro senso de existir enquanto unidade psíquica, o bebê vai precisar alcançar uma consciência de separação física da mãe. É importante frisar essa referência ao físico. F. Tustin (outra autora reconhecida por sua pesquisa sobre autismo) salienta permanentemente, em sua obra, tratar-se inicialmente da separação entre corpos. Sair da unidade dual para perceber a existência de um eu e de um não eu é a trajetória inicial para o desenvolvimento de um psiquismo. De início, portanto, ego corporal para construir um ego psíquico.

Segundo F. Tustin a maneira como o bebê toma consciência do "não eu" é essencial à constituição de sua identidade individual.

O cerne da questão está em que o bebê normal, com uma mãe responsiva (assim nomeada por F. Tustin), vai precisar adquirir gradativamente essa consciência de que existem dois, e não um só.

Digo gradativamente porque o bebê vai oscilar entre uma ilusão de continuidade física e uma quebra da continuidade corporal. Oscilação essa necessária para que ele se assegure de uma possibilidade de separação não catastrófica. O que não é o caso das crianças autistas que, justamente pela falta de contato (em geral têm mães deprimidas), vivem a separação como queda absoluta – um "buraco negro" (título do livro de F. Tustin). O autismo é, segundo essa autora, uma aberração resultante de um experiência traumática de separação corporal.

Interessa-nos aqui a constatação de que no autismo esse processo de separação se fez de forma abrupta. Para F. Tustin, mães deprimidas não podem realizar esse ir e vir necessário. Privando o bebê do contato afetivo, produzem uma distância física provocadora da percepção precoce de separação. Em relação a esse aspecto temos a importante contribuição de A. Green sobre a "mãe morta" (Green, A., 1988, p. 239-274). O autista estaciona aí, criando com sua cápsula autista uma sobrevivência psíquica, numa tentativa de evitar qualquer contato com esse "não eu" tão assustadoramente temido. Todas as energias da criança são concentradas, então, para criar uma capa protetora de sensações de "ser" para manter o "não eu" ao largo.

Numa evolução normal o bebê não precisará agarrar-se às sensações (numa equação adesiva, como o fazem os autistas); ao contrário, esse berço de sensações no qual vive, segundo F. Tustin, vai dirigi-lo para as percepções e para tudo que é da ordem do cognitivo. Pensar é partir das sensações corporais e transformá-las em ideias e conceitos, em direção à construção de uma equação simbólica.

Uma das primeiras angústias, talvez a mais precoce, segundo Tustin, é a de esvair-se, derramar-se, partindo inclusive do fato de que o corpo é inicialmente sentido pelo bebê como líquido ou gasoso (70% de nosso organismo é constituído por fluidos). As denominadas patologias "modernas" já citadas poderiam ser vistas dentro dessa perspectiva. Se não me sinto "envelopado" por uma mãe, corro perigo de me esvaziar pelos "buracos" de minha pele ou de meus orifícios. (D. Anzieu nos fala de um "eu-pele poroso" ou escorredor [Anzieu, D., 1989, p. 210]). Faço meu corpo volumoso, "trabalho" meus músculos ou me alimento em excesso para garantir uma identidade, nem que seja artificial.

Trata-se do risco de um aniquilamento existencial. Essa tentativa de se "encorpar" pelo medo de desaparecer impõe um paradoxo: o corpo enrijecido, inflado, fica impenetrável às sensações. Dessa forma ele não permite sentir – há uma inibição do tempo sensível. Na medida em que me anestesio, vestindo um sobrecorpo muscular,[2] por exemplo, bloqueio esse trajeto que vai da sensação à ideia.

As impressões táteis, gustativas, olfativas têm a função de disparadores tanto da memória sensível, como Proust tão bem nos mostrou, quanto daquilo que necessito para apreender o mundo. Ao bloquear essa função, anestesiando-a ou exacerbando-a, ficamos inertes psiquicamente.

Podemos, portanto, considerar uma espécie de concha autística em jogo nessas novas modalidades de patologia da atualidade. Encontramos em algumas delas "próteses psíquicas" para dar conta de uma ilusória sensação de consistência. Nesse sentido o modelo do autismo defendido por Fédida é tão pertinente.

---

[2] E. Bick descreve o caso de um bebê, cuja contenção psicológica externa (pelo meio ambiente) falhou, que apresentava uma espécie de "autocontenção muscular" – uma espécie de segunda pele, em lugar de um invólucro de pele autêntica (Bick, E., 1968).

Geneviève Haag e a Substância Psíquica

Com a Psicanálise podemos tentar responder a pergunta "Como o espírito vem ao corpo?". Esse é o título do artigo da psicanalista francesa Geneviève Haag (Haag, G., 1997), autora em cujas ideias tenho me debruçado por apresentar contribuições importantes sobre esse tema.

Sua obra merece destaque dentro da perspectiva que nos interessa por possuir inúmeros artigos publicados em revistas francesas nos quais defende a necessidade de se aprofundar sem cessar, mais detalhadamente, nas primeiras etapas da formação do ego corporal. Como exemplos, posso citar dois de seus trabalhos: "Do nascimento físico ao nascimento psicológico" (1989) e "A experiência sensorial fundamento do afeto e do pensamento" (1992).

G. Haag fala em "substância psíquica" (Haag, G., 1989, p. 219) que iria formar-se a partir da passagem do bebê por uma série de experiências com seu próprio corpo. Seguidora do método E. Bick de observação de bebês e especialista na clínica de autismo, ela nos aponta que é na evolução do tratamento dessas crianças que temos a oportunidade de observar, como em câmera lenta, o desabrochar do psiquismo. À medida que saem de seu encapsulamento, acompanhadas transferencialmente, manifestam um primeiro esboço de eu. Para isso nos fornecem uma série de aspectos corporais ilustrativos desse complexo nascimento psicológico.

G. Haag afirma:

> No estado autista propriamente dito a criança é dominada por angústias do eu corporal: a queda sem fim e a liquefação, até a formação de seu sentimento de envoltório cujo desenvolvimento eles mesmos, à semelhança do que se passa no desenvolvimento normal, conseguiram detalhar para nós: é preciso combinar o tátil das costas,

o envoltório sonoro com a penetração do olhar / psiquismo – isso forma um "em volta" (Haag, G. 1997, p. 23).

Vemos, por meio das pesquisas dessa autora, que a simbiose normal não implica apenas uma "fusão" em que somos engolfados, mas um longo processo, complexo e indispensável para a construção de um ego corporal e do self. Há que se falar, portanto, em "gestação psíquica" para que haja um "nascimento psíquico". Para poder separar-se é preciso interiorizar a não separação (Haag, G., 1989, p. 219).

O interesse, então, é saber o que se passa "antes" desse começo de processo de consciência de separação, ou seja, "antes" de começo do processo de separação das peles psíquicas. Diversos autores, entre eles D. Winnicott, brindaram-nos com teorizações sobre essa etapa mais que crucial do desenvolvimento.

A hipótese de G. Haag sobre a noção de "estrutura rítmica do primeiro continente" (Haag, 1986, p. 45-50) é algo extremamente inovador dentro deste tema. Ela revela a importância dos movimentos de vaivém tanto da interpenetração dos olhares mãe-bebê quanto do bico do peito na boca (durante o aleitamento) como garantia de um ritmo fundamental para a estruturação psíquica (Fontes, 2003, p. 330-333).

A primeira integração, isto é, a introjeção de uma primeira pele psíquica, refere-se então a esse "olho no olho" (tão intenso a partir do segundo mês de vida), acrescido da interpenetração da boca e combinado com o suporte posterior da junção costas-nuca-cabeça, integrando também o envelope verbal suave. A partir desse momento o sentimento-sensação de ter esse primeiro envelope em vias de diferenciação começa a se esboçar com, talvez, um mínimo de sentimento de "espaço" entre as duas peles.

Nessa organização da primeira pele, do esqueleto interno e das articulações do corpo, o tátil deve merecer destaque como exemplo de que o corpo sensível é condição básica dos processos de subjetivação. Essa "interpenetração" essencial da qual nos fala Haag precisa estar aliada, segundo ela própria, às qualidades de doçura provenientes precisamente do tátil (Haag, 1991, p. 53-54). É no contato com brinquedos de pelúcia ou com tecidos extremamente suaves (no caso de tratamentos com autistas esses recursos são introduzidos no *setting* analítico) que o bebê aprende o doce do tátil e o transporta para o sentimento de ternura. Em muitas situações de angústia, de despedaçamento ou de esfolamento essas sensações do suave, do doce, são a possibilidade de elaborar qualidades sensoriais de uma continência apaziguadora.

Portanto, num funcionamento mais primitivo (precoce) as principais emoções são ainda confundidas com essas sensações, a ternura com a doçura, tátil e visualmente verificadas, para só após, com o desenvolvimento, transformarem-se em representação da ternura.

A ternura é, portanto, inicialmente tátil!

P. Fédida, em seu livro *Por onde começa o corpo humano – retorno sobre a regressão* (Fédida, P., 2001), fala numa "realidade corporal do psiquismo". Não saber onde o corpo começa nem onde ele termina é uma das primeiras experiências vividas. Poder delimitá-lo, dar-lhe fronteiras, prepara a formação do ego. Nesse sentido conhecer melhor o percurso nada simples que vai do ego corporal ao ego psíquico pode servir-nos de orientação, de mapa, diante dos fenômenos de repetição das sensações mais precoces vividas na regressão em análise.

E a partir daí, quem sabe, poder acompanhar nossos pacientes na construção de um "lugar geométrico do eu", como diria o escritor Ítalo Calvino em seu ensaio sobre o opaco (Calvino, I., 2000).

Do mesmo modo que a poesia nos reenvia a uma experiência de sensação(ões), por meio de uma sequência de palavras fora de uma lógica discursiva, a transferência se presta ao encontro de vicissitudes da experiência vivida, numa reprodução de sensações anteriormente experimentadas. Finalizo, então, com uma poesia de Manoel de Barros:

O Pêssego

Proust
Só de ouvir a voz de Albertine entrava em
orgasmo. Se diz que:
O olhar do voyeur tem condições de phalo
(possui o que vê)
Mas é no tato
Que a fonte do amor se abre.
Apalpar desabrocha o talo.
O tato é mais que o ver
É mais que o ouvir
É mais que o cheirar.
É pelo beijo que o amor se edifica.
É no calor da boca
Que o alarme da carne grita.
E se abre docemente
Como um pêssego de Deus.

C

Transferência: Casos Clínicos

6

CASO R.
CONSTRUINDO UMA PELE PSÍQUICA[1]

Introdução: "As Novas Doenças da Alma"

Em novembro de 1953, D. Winnicott, em carta à psicanalista Hannah Ries, constata que "dentre os casos que surgem para a análise é cada vez menor a proporção de pessoas psiquiatricamente consideradas neuróticas". Afirma ele:

> a meu ver é tarefa dos analistas com qualificação médica como um todo realizar a análise de psicóticos, mas é claro que os analistas não médicos não podem evitar o encontro, de tempos em tempos, com fases psicóticas em análises de caráter em que não exista uma classificação óbvia de psicose (Winnicott, D., 1990, p. 48-49).

Mais de cinquenta anos se passaram e nos encontramos diante dessa anunciada realidade: as psicopatologias contemporâneas nos lançam em outros territórios que não mais os da neurose clássica.

Sobre tal evidência alguns analistas têm se pronunciado – desde J. Kristeva, que em 1993 publicou seu livro sobre As Novas Doenças da Alma, aos psicossomaticistas (Escola Psicossomática de Paris) – falando em processos autocalmantes para caracterizar

---

[1] Esse caso clínico foi apresentado na Jornada interna do Círculo Psicanalítico do Rio de Janeiro, em 2004, cujo tema central era "Os Sentidos do Corpo", e publicado nos Cadernos de Psicanálise da mesma instituição, ano 26, n. 17, p. 55-71, em 2004.

uma dessas patologias, a somatização. Joyce McDougall já apontava para essa gama de pacientes "inanalisáveis" em seu "Em defesa de uma certa anormalidade" (McDougall J., 1983). Alguns brasileiros, como Luís Cláudio Figueiredo, Gilberto Safra, entre outros, têm voltado sua atenção também para o tema (Figueiredo, L. C., 2003, e Safra, G., 2004).

Sejam somatizantes, casos-limites, estados deprimidos ou personalidades aditivas, todos esses pacientes desafiam o analista, sobretudo por sua incapacidade de representação. Mas, afinal, se considerarmos que se trata de sintomatologias que têm como denominador comum uma precariedade de simbolização, vamos precisar reconhecer que o trabalho analítico não se fará mais dentro dos preceitos da associação livre e atenção flutuante. Esses assim chamados "pacientes modernos" se caracterizam por dificuldade associativa extremamente profunda e estão longe das questões ligadas à ameaça de castração. O que está em jogo na maioria dos casos é a ameaça à existência, isto é, têm medo de perder o senso intrínseco da existência. Encontram-se ainda em busca de uma organização egoica que ficou impossibilitada precocemente. Estabelecer um vaivém incessante entre a observação dos fenômenos transferenciais e o conhecimento dos processos de desenvolvimento passa a ser então instrumento essencial no tratamento desses casos considerados difíceis.

Neste artigo pretendo tecer algumas considerações sobre a peculiaridade do atendimento de um desses casos clínicos.

II. Caso R.: Construindo uma Pele Psíquica

Dois anos se completam da análise de R. e ele chega à sessão surpreso, contando ter feito xixi na cama. Não tem explicação, não bebera tanto na noite anterior, não estava de porre e mesmo assim acordou numa poça de urina. Suas interrogações bem humoradas, como um menino que fizera travessuras, levam-no a pensar em algo relacionado à análise.

É a oportunidade para que eu lhe diga que, enfim, o Pequeno R. se manifestava. Essa é a expressão que ele mesmo criou em seu cotidiano para referir-se a si próprio quando, por vezes, se vê infantilizado. Mas a conotação sempre foi irônica, repreensiva. E, o que é mais significativo, como se estivesse falando de alguém que não ele próprio, sendo "aquele" o autor dos deslizes.

Esse homem agora com 42 anos chegara à análise meses antes de completar 40 anos, idade com a qual seu pai morrera. Estava à beira de um colapso provocado, parecia-lhe, pelo golpe que sofrera no trabalho, tendo sido preterido em relação a outro profissional. Sua autoestima, como ele mesmo dizia, "caiu a zero". A depressão se anunciava.

A quebra de um contexto organizado – emprego, salário alto, seguro-saúde – arremessa-o ao que podemos chamar "buraco negro", título do livro de F. Tustin sobre as barreiras autistas nos pacientes neuróticos (Tustin, F., 1990). É o fracasso de um funcionamento mental precário que o traz à análise. A angústia é intensa. Não há âncora em que se firmar. Pensa em suicídio. É medicado por um psiquiatra por mim indicado, e seu tratamento medicamentoso fica prescrito por um ano, acompanhando seu processo analítico.

R. criara uma prótese psíquica, e isso se evidencia em seu corpo. Tem uma aparência "contemporânea", isto é, um homem alto de músculos definidos, cabelos pintados de branco/louro, tatuagens visíveis, piercings numa das orelhas e no queixo, com sapatos bem coloridos e várias pulseiras nos dois braços. De alguma forma muitos assim se apresentam dentro de seu meio profissional: uma companhia teatral em Niterói, onde ele é o diretor. Mas tudo isso contrasta com seu rosto sério, com o olhar com que me encarou nas primeiras entrevistas, fazendo-me crer que não havia se enganado de consultório (impressão inicial que, confesso, sua figura bizarra me causou). Revelará posteriormente sua capacidade de reflexão, gosto por leituras, a graduação em Letras e um curso de especialização na França.

Refere-se a si próprio como "um show de variedades", sente-se "multimídia", e é bem isso que ele "encarna". Não tem o menor hábito de conversar sobre suas decisões na vida. A possibilidade de compartilhar seus sentimentos lhe é muito estranha, e sabe que só veio à análise porque naufragou. Era bom surfista quando garoto, pegava "altas ondas", mas tinha horror das correntezas. Podia ficar sozinho na praia porque sua mãe confiava em sua responsabilidade. Foi menino precoce, autossuficiente desde cedo. Seu pai morreu quando ele tinha dois anos, e a partir daí, sua mãe, sempre atarefada com o sustento da casa, costumava dizer que o pai deixara de herança "a rua para se andar". Havia cuidados com sua alimentação, escola e vestimentas, mas foi sempre só em relação a sua vida emocional: diz que nesse sentido nunca teve para onde correr... Há alguns indícios de que a mãe tenha se deprimido por conta dessa morte súbita do pai.

O divã é experimentado com estranheza. Ri, brinca que se eu bobear vai dormir ali, mas percebo o quanto esse contato com sua nuca e costas pode lhe oferecer, mais do que uma oportunidade de associação livre de ideias, uma experiência concreta de retaguarda física. Tenho aqui a teoria de G. Haag em meus pensamentos sobre a importância do envelope costas-nuca-cabeça (Haag, G., 1989, p. 215).[2]

---

[2] G. Haag relembra que a posição do feto ao final da vida intrauterina procura um máximo de contato-pele, por contrapressão dos envelopes e da distensão uterina sobre a convexidade dorsal. Em seguida, com a amamentação, o bebê alia o suporte nuca-costas à experiência bucal e visual.

Reclama do "peso da vida", acha que não vai aguentar. Vejo com ele o fato provável de não ter sido carregado, afinal qual o volume/peso que ele próprio tem? Diz ter impressão, por vezes, que se deixar carregar por alguém é ser levado pela correnteza, sem controle.[3]

Segura com frequência a cabeça com uma das mãos, quando deitado ao divã, dando a impressão de que ela poderia se desprender. Ao fazê-lo observar sua postura provoco-lhe uma associação sobre o fato de nunca ter sido "chegado" a drogas: sempre teve muito medo, não gosta de nada que o faça perder a cabeça, o controle. Bebe pouco, não "cheira" cocaína, apesar de sua aparência... Fica muito ofendido quando em festas pensam que ele teria a droga para oferecer.

Por outro lado, seu vício (analogia que faz) é de mulheres. Conserva muitos casos antigos, pendentes, "pendurados" como as pulseiras. A relação que faço das mulheres com suas pulseiras provoca-lhe risadas, comenta que se elas soubessem dessa comparação ficariam com muita raiva. F. Tustin menciona o uso de bijuterias como objetos autistas (Tustin, F., 1990, p. 229).[4]

---

[3] I. Calvino estabelece uma relação entre "a insustentável leveza do ser" (Kundera) e o inelutável peso do viver em uma de suas seis propostas para o próximo milênio, justamente sobre a leveza. "(...) devemos recordar que se a ideia de um mundo constituído de átomos sem peso nos impressiona é porque temos experiência do peso das coisas; assim como não podemos admirar a leveza da linguagem se não soubermos admirar igualmente a linguagem dotada de peso" (Calvino, 2001).

[4] "Tudo que se disse até agora em relação a crianças autistas também se aplica a pacientes adultos que suspeitamos tenham uma cápsula de autismo que exige o trabalho psicanalítico com eles. A Dra. Nini Ettlinger tinha uma paciente cujas bijuterias eram usadas como objetos autistas" (Tustin, F., 1990, p. 229). Ver também objetos autistas no capítulo 6 dessa mesma referência.

Numa das sessões refere-se a essa quantidade de mulheres como uma malha: uma malha de mulheres. Posso então, a partir daí, pensar sobre esse tecido que o cobre, recobre e onde ele procura aquecimento e vitalidade. A cada encontro sexual sente-se mais vivo e parece construir uma capa protetora por meio dessa "malha".

As tentativas de envelope nesse sentido são inúmeras: ele gosta de "malhar" (fazer tensos exercícios que desenvolvam seus músculos) e se sente muito bem quando está forte. Foi um menino muito alto e magro, não gostava disso. Depois que "ganhou corpo", segundo ele, parecia outro, mais sedutor inclusive.

Até nesse aspecto sofre um colapso. Sua coluna se ressente da intensidade inadequada dos exercícios em academia e ele precisa parar. Tem de se tratar – ortopedista, osteopata, acupuntura – e fica interditado para a musculação. A coluna passa a ser o tema das sessões. Vejo com ele o quanto esse eixo é frágil, merecendo cuidados, e não, ao contrário, como tem feito, imposição de esforço. Lembro-me aqui da cruz desenhada pelos autistas em melhora no tratamento, segundo G. Haag, simbolizando a aquisição da consciência de coluna vertebral como eixo para a integração (Haag, G., 1985).[5]

As memórias são escassas. O pai é um morto desapercebido, na formulação tão pertinente de P. Fédida (Fédida, P., 2002, p. 87/98).[6]

"Nunca fez parte de minha vida. Morreu quando eu tinha dois anos, e não lembro nem de sua fisionomia. Tenho apenas uma foto

---

[5] G. Haag indica que crianças autistas desenham uma cruz na qual duas linhas de comprimentos iguais se cruzam quando, em tratamento, estão começando a ter uma imagem corporal que tem uma estrutura óssea interior, sustentadora.

[6] Segundo P. Fédida, no capítulo " Mortos desapercebidos" de seu livro sobre os benefícios da depressão, os pacientes deprimidos só podem curar-se se forem ajudados a entrar em contato com seus mortos – mortos numa morte desapercebida.

3x4 de seu rosto." Sabe pouquíssimo sobre ele: que era descendente de portugueses, querido no bairro onde moravam. Não tem notícias da família dele, nenhum contato com parentes. Tem dele o sobrenome.

Não há álbum de retratos da infância. Sua história, ele mesmo diz, é registrada em seu corpo. "Cada uma de minhas tatuagens registra um acontecimento de minha vida, algum marco importante. São elas que me fazem lembrar o que ocorreu."

Nas sessões que precedem seu aniversário de 40 anos revela o medo de sofrer um enfarte – causa da morte do pai. Por outro lado parece às vezes não ter idade, sente-se jovem e consegue transitar pelas gerações mais novas; o que não o impede de ter um medo terrível de envelhecimento súbito. Lembro-me e comento com ele sobre uma passagem do livro de A. Camus *O primeiro homem,* no qual o personagem com 40 anos (o livro é considerado uma autobiografia) encontra o túmulo de seu pai morto na guerra da Argélia, após longa busca por essa origem, e percebe surpreso que é mais velho que o próprio pai, abatido como soldado com 29 anos (Camus, A., 1994, p. 25-26).[7]

---

[7] Reproduzo aqui trecho do capítulo "A procura do pai", do livro de A. Camus *O primeiro homem*:
> Cormery aproximou-se da lápide e olhou-a distraído. Sim, era mesmo seu nome. Ergueu os olhos. No céu mais pálido, pequenas nuvens brancas e cinzentas passavam lentamente, e caía uma luminosidade ora leve ora mais sombria... Jacques Cormery, o olhar atento à lenta navegação das nuvens no céu, tentava apreender, por trás do perfume das flores molhadas, o cheiro salgado que vinha do mar longínquo e imóvel, quando o tinir de um balde contra o mármore de um dos túmulos tirou-o de seu devaneio. Foi nesse momento que leu no túmulo a data de nascimento de seu pai, que só então descobriu ignorar. Depois, leu as duas datas, 1885-1914, e fez um cálculo maquinal: 29 anos. Súbito, ocorreu-lhe uma ideia que chegou a lhe agitar o corpo. Ele tinha quarenta anos. O homem enterrado sob aquela lápide, e que tinha sido seu pai, era mais moço que ele.

Ele reconhece ter tido sempre a impressão que não teria vida longa. Foi possível a partir daí, dessa imagem fornecida por aquele escritor, falar da necessidade de análise justamente naquele momento em que passaria a viver mais do que seu próprio pai.

Se ele o perdeu de vista, não significou ficar imune às fantasias relacionadas a sua morte. Dissera numa sessão: "Quando algo sai da minha frente, do meu campo de visão, deixa de existir". Essa foi a forma truncada de viver esse luto, seguindo a postura que a mãe assumira quando se viu viúva: "ela não permitia memórias". Já aqui comigo... (J.-B. Pontalis, em seu livro *Perder de vista,* faz algumas elaborações sobre o papel do visual contido na perda – a morte como perder de vista) (Pontalis, J.-B, 1988).[8]

A essa altura R. está mais familiarizado (!) com os dispositivos analíticos e acha sempre graça no fato de falarmos em seu pai – esse ser tão inexistente para ele. Brinca que está se adaptando aos princípios freudianos, falar de pai, mãe... e traz o título do filme de W. Allen como uma constatação de seu processo analítico: "Desconstruindo 'R'".

> E a onda de ternura e pena que subitamente lhe encheu o coração não era o movimento da alma que leva o filho à lembrança do pai desaparecido, mas a compaixão perturbada que o homem feito sente diante da criança injustamente assassinada – alguma coisa ali não seguia a ordem natural, e na verdade não há ordem mas somente loucura e caos quando o filho é mais velho que o pai...

[8] No livro Perdre de Vue, J.-B. Pontalis trata da relação entre o inconsciente e o visual. Relata uma fala de Merleau Ponty que, diante da morte de sua mãe de câncer, irritado com a tentativa de consolo da filha, diz-lhe: "Você não compreende nada. Você não compreende sequer que eu não a verei mais!" Depois um paciente, aproximando-se do final de análise, traz um sonho de um deserto a perder de vista (um deserto que pode fazer pensar no *desêtre* como diria o outro, segundo Pontalis). A partir da conjunção desses dois elementos lhe veio toda a relação, não somente com a perda, mas também com o papel do visual aí contido.

Após um ano, seu psiquiatra suspende o tratamento psiquiátrico. Fica apreensivo, temendo sentir de volta a depressão, mas consegue identificar sua melhora e a importância do tratamento conjugado: análise e medicação, sendo que a dosagem do antidepressivo tornou-se mínima nos últimos meses.

Apresenta um balanço incessante de pernas e, sobretudo, de pés, deitado no divã, o que muitas vezes faz com que se sacuda todo. Tem esse ritmo oscilatório também no trabalho e em casa, no entanto, em alguns momentos, consegue uma imobilidade total que chega a causar apreensão nas parceiras. Parado, inerte, quase morto.[9]

Comentamos esse fato e ele revela nostalgia do ritmo que viveu na depressão. Ficava deitado, lendo jornal, quieto e depois descobriu que podia usufruir daquelas horas de sossego. Em geral tem um ritmo frenético, emenda uma atividade na outra, trabalhando no circuito Rio-Niterói, com horas reduzidas de sono.

Trata-se aqui desta falta de capacidade depressiva (Fédida, P., 2002, p.) de que nos fala Fédida e do quanto ele só pode experimentar outro ritmo, o da pausa, na depressão.[10]

O tema é explorado também nas sessões em que o assunto é música: a necessidade da pausa na melodia, os intervalos, os espaços. Mas fica evidente que espaço para ele pode significar "buraco negro". E é assim mesmo que ele denomina "como é que vou deixar esse buraco no meio do meu dia? Tenho que preenchê-lo". Senão a vivência é de se perder, cair.

---

[9] "Quando os humanos estão deprimidos, eles podem se tornar tão glaciais e imóveis quanto as próprias tumbas" (Fédida, P., 2002, p. 89).
[10] Fédida afirma que a cura do estado deprimido encontra-se na reaquisição de sua capacidade depressiva, ou seja, das potencialidades da vida psíquica (subjetividade dos tempos, a interioridade, a regulação das excitações) (Fédida, P., 2002).

É possível estabelecer uma relação entre o balanço do corpo, citado anteriormente, e a falta de uma "estrutura rítmica do primeiro continente" (Haag, G., 1986, p. 45-50).[11] Esse movimento pendular tentaria produzir o ir e vir da dobra que não houve. Refiro-me aqui à noção de G. Haag da "dobra" como forma arcaica de vida psíquica (Haag, G., 1990, p. 148), isto é, o movimento de vaivém da interpenetração dos olhares mãe-bebê e do bico do peito na boca, garantindo um ritmo fundamental para a estruturação psíquica.[12]

Resolve em determinada altura fazer boxe. Acha apropriado porque lhe disseram ser indicado para reforçar a musculatura das costas, sem provocar esforço, carregando pesos como na musculação. Crê estar começando a precisar disso. Ao que eu aponto ser uma necessidade antiga, falo da falta de retaguarda, referindo-me ao que já havíamos trabalhado. Ele se surpreende que eu o apoie nessa ideia. Faço referência às expressões "costas quentes", "costas largas", "guarda-costas", e juntos examinamos o sentido concreto que dá origem a cada uma delas.

Chego a pensar, terminada a sessão, que o elemento agressividade também estará em jogo nessa atividade escolhida, o que me parece positivo.

Ele reinicia seu trabalho profissional dirigindo algumas novas peças teatrais. Temos então a oportunidade de acompanhar a "mater-

---

[11] A hipótese da autora sobre a estrutura rítmica do primeiro continente envolve a dupla interpenetração dos olhares: pode haver a percepção pelo bebê de uma ondulação receptora, da mesma forma que a amamentação (bico do peito na boca). Seria o caso de admitir, segundo ela, uma estrutura rítmica oscilatória de natureza quase biológica, que participaria da organização do primeiro continente.
[12] Segundo G. Haag, a dobra, ou dobradura, seria a primeira forma de materialização da consciência. Qualquer objeto que sai e retorna à boca é a referência para a dobra, como também sons produzidos no interior da boca.

nagem" que ele faz de sua produção. Usando literalmente esse termo, fica possível levá-lo a uma reflexão sobre o fato de não poder "largar o espetáculo enquanto ele não anda sozinho". Percebe, inclusive, que precisará renovar seu contrato com a companhia porque precisa seguir mais um período "cuidando da cria". Esse novo trabalho dá certo, há uma satisfação profissional, e ele recupera a segurança que, segundo ele, havia sido destroçada no emprego anterior.

Está tão envolvido nessa nova fase como diretor que diz estar em dedicação exclusiva a essa "peça-bebê". Essa analogia serve-nos também para identificar a necessidade que a criança tem de ser olhada, mesmo quando ela não está mais no colo, nem engatinhando. O fato de já conseguir andar não demanda a mesma dedicação, não querendo dizer, no entanto, que não precise de atenção. É necessário ser olhado até que adquira independência.

Isso remete à questão de sua aparência, sua extrema visibilidade e o medo de que mesmo assim os outros possam não ter olhos para ele. Por vezes sente-se na "contramão": tem uma aparência que se destaca, mas esconde o que produz, não gosta de fazer propaganda como outros fazem: "eu fiz, eu aconteci...".

Ao que eu lhe mostro não ser necessariamente modéstia, e sim, quem sabe, fragilidade de seu eu. Numa das sessões subsequentes traz o incômodo com um novo colega de trabalho, extremamente invasivo. Ele não quer esse tipo de disputa de espaço, prefere afastar-se porque senão "pode dar briga". Descreve o "espaçoso" como aquele que sai ocupando os lugares, sofá, mesa, e daqui a pouco quer sua função e assim vai..., daí prefere logo ceder.

Penso em suas fronteiras, o quanto elas não estão demarcadas. Pergunto-lhe o que poderia barrar essa movimentação do colega. Não seria seu próprio corpo? Parece que R. ainda tem dúvidas sobre a possibilidade de ocupar um lugar, ter um território. Ter um "lugar geométrico do eu" (Calvino, I., 2000. p. 118).

Lembro-lhe nessa ocasião de sua necessidade permanente de se fazer crescer, enrijecendo músculos para, quem sabe, apresentar mais contornos, mais limites. E. Bick, reconhecida autora por seu método de observação de bebês, postulou a existência de uma segunda pele muscular (Bick, E., 1968, p. 484-486).[13]

Falamos então sobre mapas, fronteiras entre os estados, os países. Para ele isso tudo "na geografia" é sempre por motivos bélicos, nas guerras, para se proteger. Pondero que há os tratados, os acordos, que se podem fazer respeitar.

Observando-o fisicamente é visível seu emagrecimento, ou melhor, está recobrando seu corpo natural. Ele incomoda-se por achar que assim não fica tão sedutor, mas diz que perdeu o "pique" (a vontade intensa) para ir à academia.

Minhas férias de final de ano o aliviam, segundo ele, por se sentir independente de mim, mas volta sentindo-se abatido por uma forte gripe que durara 12 dias (a interrupção da análise foi de 15 dias). Constata ter algumas "fidelidades": à cabeleireira que pinta seu cabelo (é a única há muitos anos), ao tatuador (em Niterói, só faz com ele) e agora a mim.

Lembra-se dos "telegramas" que me passava no início de análise, quando eu assim me referia aos seus relatos curtos, sem detalhes, e o quanto vem se deixando cuidar, sentindo-se bem em me contar seu cotidiano. Pudemos mencionar aqui o fato de sua mãe estar sempre tão ocupada, sem disponibilidade para acompanhá-lo.

---

[13] E. Bick descreve o caso de um bebê cuja contenção psicológica externa (pelo meio ambiente) falhou, que apresentava uma espécie de "autocontenção muscular" – uma espécie de segunda pele, em lugar de um invólucro de pele autêntica (Bick, E., 1968).

Surpreende-se que eu comente algo, por vezes, sobre alguma de suas peças teatrais. "Não podia imaginar que você fosse assisti-las!"

Mais recentemente está inquieto porque a malha das mulheres está "encurtando". Está agora administrando duas ou três, desfez-se de algumas pendências. A antiga estrutura começa a se desorganizar. Ele teme que surjam sentimentos que possam confundi-lo, como ciúme, apaixonamento. Detesta surpresas, como frisa frequentemente.

Por outro lado, diante dos dois temas – o possível apaixonamento por uma mulher ou a busca pela origem paterna –, ele tem uma expressão frequente: "Melhor não..." Parece evitar saber onde essa emoção pode levá-lo. Tustin considera que essa estrutura frágil não permite viver nem tristezas nem alegrias fortes (Tustin, F., 1990, p. 122).[14]

Fato é que vem abrindo sua intimidade para mim, não falta às sessões, embora trabalhe fora do Rio de Janeiro.

Ter feito xixi na cama desencadeou, naquela sessão, algumas lembranças.

Não se recorda de ter acontecido isso quando pequeno, muito raramente; talvez quando dormia na cama com a mãe, de onde só saiu aos 8/9 anos. Surgem recordações sobre a casa em que morou na infância. Nela havia um quarto para ele e a mãe, e a sala onde dormia a irmã (mais velha que ele e adotada/criada pela mãe tempos depois da morte do pai). Só sai dessa

---

[14] Numa descrição clínica Tustin mostra o fato de uma paciente autista ter medo de experimentar emoções humanas profundas. Em vez disso, ela tinha formas de sensação. Numa situação normal, o bebê, para compensar a ameaça da ausência da mãe, terá memórias – táteis, olfativas, auditivas, visuais – das experiências íntimas com ela. Não havendo isso, vai apelar para as formas de sensação. Podemos lembrar aqui o dito inglês: "o alcoólatra chega atrasado a funeral e casamento".

cama de casal quando a mãe acha que ele está "grandinho" para continuar a dormir com ela.

Faço-o ver que, ao contrário, ele teve de ser "grandinho" desde o começo, muito cedo, para formar um casal com ela, não poder urinar na cama, não poder ficar à vontade. Na verdade, um homenzinho. Nada de pequeno R. que, enfim, se apresenta, hoje, inaugurando essa possibilidade de ser criança, graças à transferência.

O trabalho analítico com R. continua; segue agora uma trajetória de fato mais simbólica, as representações são possíveis. Surgem relatos de sonhos, e o uso da interpretação analítica, no sentido mais clássico, pode começar a ter lugar.

7

A Adição sob a Ótica da Psicanálise do Sensível[1]

Introdução

Numa tarde de sexta-feira da primavera de 1977, D. Anzieu, visitando a exposição de pinturas de F. Bacon, em Paris, na Galeria Claude Bernard, sentiu-se atado em suas vísceras diante de cada uma daquelas telas. Observou o silêncio na galeria, apesar da multidão presente, achando ser maior do que o de uma catedral. O visitante, mergulhado dentro desse universo onde nada se pode dizer, não encontrava palavras, segundo ele, para traduzir o terror.

"Aqui nós entramos no mundo da incomunicabilidade, da mãe muda aos desejos de seu bebê."[2] Sob esse forte impacto dedica-se no sábado e domingo seguintes a escrever um artigo, publicado nesse mesmo ano na Nouvelle Revue de Psychanalyse, com o título "A Imagem, o texto e o pensamento – a propósito do pintor F. Bacon e do escritor S. Beckett" (Anzieu, 1977).

Posteriormente, em 1993, o autor retorna a esse artista e publica um pequeno e primoroso livro em três capítulos (em colaboração

---

[1] Trabalho apresentado na mesa-redonda "Situações-limites na Experiência Psicanalítica" no Círculo Psicanalítico do Rio de Janeiro (maio de 2007) e publicado nos Cadernos de Psicanálise do Círculo Psicanalítico do Rio de Janeiro, n. 20, ano 29, 2007.
[2] ANZIEU, D., *L'Image, le texte et la pensée in Nouvelle Revue de Psychanalyse*, n. 16, Paris, Ed. Gallimard, 1977, p. 122.

com M. Monjauze), no qual reafirma a importância de F. Bacon, S. Beckett e de W. Bion (Anzieu, 1993), cujas diferentes obras expressam justamente o que há de mais arcaico em nosso psiquismo.

Apresento brevemente algumas de suas afirmações nos dois trabalhos citados, acreditando serem pertinentes para introduzir o tema da adição sob o ponto de vista da Psicanálise do sensível:

> Os trípticos representam séries de deformações de fisionomia ou da estatura, deixando geralmente intacta uma metade do rosto ou das carnes, enquanto que a outra metade se degrada progressivamente de uma tela à outra. Se as orelhas são exatas, o nariz é retorcido, a boca decomposta. No retrato seguinte o nariz e a boca tornam-se intactos, mas uma orelha desaparece, os olhos aparecem fechados... o corpo despenca, um pé, uma mão some ao final da perna ou do braço. A maioria dos personagens apresenta na metade inferior do quadro uma cauda, um farrapo de epiderme. Aquilo que supostamente seria para conter: as roupas, a pele, o volume do quarto derrete, se esgarça, se funde, o continente deixando escapar o conteúdo (Bacon, F., "Tríptico", agosto 1972).[3]

Para Anzieu a pintura desse "inglês" da Irlanda nos evoca, sobretudo, a imagem de nosso próprio corpo que se distorce e se altera, quando o outro oferece um reflexo vago, desatento e desinvestido. "O Eu-pele mal se envelopa e o interior, que o retém insuficientemente, ameaça se esvair."[4] Ele se refere aos personagens que, nus, se debruçam sobre os lavabos vomitando ou que perdem suas substâncias numa angústia do vazio fundamental (Bacon, F., "Tríptico", maio/junho 1973).[5]

---

[3] BACON, F., *Coleção Descobrindo a Arte do Século XX*, Rio de Janeiro, Ed. Civilização Brasileira, 1995, p. 61.
[4] ANZIEU, D., op. cit., p. 119.
[5] BACON, F., *Coleção Descobrindo a Arte do Século XX*, Rio de Janeiro, Ed. Civilização Brasileira, 1995, p. 61.

Esses seres, apesar de uma aparência física adulta, vivem no universo anterior à marcha e às palavras, segundo Anzieu. A liquefação dos corpos, moles, sem ossatura, com extremidades sem forma, evoca o desamparo original do bebê de que nos fala Freud e que Bion relaciona à invasão da pessoa por sua parte psicótica.

O próprio Bacon propunha-se "a agarrar a sensação para colocá-la na tela", opondo-se à pintura narrativa. Nesse sentido não é uma arte do relato, seria, ao contrário, tornar imediatamente sensível, pela imagem, um afeto.

Aponta a importância do espaço que enquadra as figuras: ora portas, ora cores fortes como o vermelho envolvem o personagem numa tentativa ou esforço de conter esses envelopes perfurados (Bacon, F., "Tríptico", 1983).[6] Por vezes uma lâmpada elétrica aparece, um espelho ou cadeiras apoiando corpos como sinal da esperança de que algo vai estruturar-se (Bacon, F., "Figura escrevendo refletida num espelho", 1976).[7]

Anzieu observa que esse irlandês alcoólatra era o pintor vivo mais caro do mundo (este falece em 1992), sem dúvida porque essa dor da criança confrontada à angústia do vazio é alguma coisa que, representada, não tem preço.

Acreditando que a obra de F. Bacon toca na "pele" os dramas de sua própria história pessoal (ele foi o filho de Marguerite – paciente conhecida como "o caso Aimée" de Lacan), reconhece esse mesmo sofrimento em alguns de seus pacientes. Relembra o que escreve Pontalis em seu livro *Entre o sonho e a dor*:

---

[6] BACON, F., *Centre Georges Pompidou*, Paris, ED. Beaux Arts, 1996, p. 23.
[7] BACON, F., *Coleção Descobrindo a Arte do Século XX*, Rio de Janeiro, Ed. Civilização Brasileira, 1995, p. 23.

Um analista que ignora sua própria dor psíquica não tem nenhuma chance de ser analista.[8]

É importante ressaltar que, em 1974, já formulara sua hipótese sobre um Eu-pele, no artigo intitulado "Le moi-Peau" na Nouvelle Revue de Psychanalyse (Anzieu 1974). O contato com as telas de Bacon vem ao encontro de suas formulações teóricas e constatações clínicas. Ele acrescenta:

> Resta a nós analistas a chance ainda de nos sentirmos pintores para recolher os traços que esses contatos mais primitivos imprimiram e para testemunhar seus registros.[9]

A Construção do Ego Corporal

Tenho desenvolvido pesquisas sobre a construção do ego corporal (Fontes, 2003, e Fontes, 2006) e acredito que a técnica analítica com pacientes adictos requer uma concepção do corpo na origem do psiquismo.

Pretendo expor, resumidamente, algumas ideias fundamentadas numa Psicanálise do sensível, como a venho denominando. Fragmentos de dois casos clínicos ilustrarão essas hipóteses teóricas.

Para constituir um ego corporal que, como diria Freud, é anterior a tudo (Freud, 1923), é preciso ter vivido uma experiência inicial que garanta a continuidade do existir. Isso porque nos tempos mais precoces estamos diante de angústias corporais provoca-

---

[8] PONTALIS, J.-B. *Entre le Revê et la Douleur*, Paris, Gallimard, 1977, p. 269.
[9] ANZIEU, D., op. cit., p. 124.

das pelas sensações de liquefação, de explosão ou de queda sem fim. Essas angústias impensáveis caracterizam o bebê humano e colocam, portanto, a necessidade de se sentir envelopado ou contido inicialmente pelo corpo da mãe.

A dependência nesse momento é absoluta, como diria D. W. Winnicott, e vital para se estabelecer uma ilusão de continuidade física mãe-bebê. Essa é a condição necessária para ele enfrentar a gradativa separação corporal, ou a saída dessa unidade dual. A angústia de esvair-se (o corpo humano é constituído por 70% de fluídos corporais) ou de explodir por meio da sensação dos gases intestinais pode ter um apaziguamento se houver um envelope de contenção fornecido pela capacidade da mãe de exercer uma continência.

As psicopatologias que pretendo abordar, especificamente as personalidades aditivas, trazem-nos os sinais da falta de construção de um ego corporal, de uma pele psíquica (Bick, 1968) ou envoltório (Anzieu, 1974) que possa conter as angústias desmedidas.

P. Fédida, psicanalista francês autor de uma extensa obra, defende a noção do autismo como modelo paradigmático para a compreensão justamente dessas patologias fronteiriças ou narcísicas, como as consideramos na Psicanálise (Fédida, 1991). Sua teoria tem me servido de base, de apoio, para pensar ser a compulsão a saída para o sujeito diante da ausência de uma dependência inicial. Talvez pudéssemos dizer "Pouca dependência – Muita compulsão". Este é o ponto central a ser apresentado aqui.

Nas crianças autistas a separação física da mãe ocorreu de forma abrupta, e não houve uma oscilação necessária entre fusão e separação das peles. As sensações de esvaziamento ou de queda brutal foram vividas muito cedo na falta de um suporte, em geral devido ao estado deprimido da mãe que, sem vitalidade, não podia conter nada para seu bebê. A falta de interpenetração do olhar, de tônus muscular dos braços ao segurar a criança, de voz melodiosa e não monocórdia deixaram o bebê com uma sensação de inconsistência.

Os autistas constroem uma cápsula ou concha autística e, ao contrário de estarem anestesiados, como já se pensou, vivem mergulhados numa intensidade sensorial extrema. Fabricaram para si mesmos um envelope protetor que mantém uma continuidade ininterrupta com o mundo das sensações. Todas as energias são concentradas para manter o não eu ao largo. Este foi precocemente experimentado e por isso traumático (vivido num período em que de o bebê não possuía recursos para tal).

Em inúmeros casos o uso de um objeto autista (não importando o objeto em si) garante, por sua solidez física, a ilusão de uma não separação. Manter-se grudado a objetos, paredes ou ao corpo do terapeuta fornece uma sensação que aplaca o terror de perder a existência. Porque, como diria Gilberto Safra, morrer é mais fácil do que deixar de existir (Safra, 1998).

Sentir-se derramado significa vazio, extinção, nada. Temos aqui o mesmo ponto de vista de D. Anzieu ao falar dos riscos de despersonalização por esvaziamento, pela sensação de um envelope perfurado ou Eu-pele poroso cuja substância escoasse pelos buracos do corpo (Anzieu, 1985). É uma angústia de esvaziamento, e não de fragmentação.

Da mesma forma, com menor gravidade, as denominadas patologias modernas que incluem os casos-limite, as somatizações, as personalidades aditivas e até mesmo as depressões encontram-se dentro desse mesmo impasse: criar próteses psíquicas para sobreviver emocional e fisicamente. Não se trata de autismo, mas há uma semelhança quanto à tentativa de forjar um ego.

Caso B.

B., em seus cento e quarenta quilos, é uma analisanda de primeira viagem. Tem dezoito anos, vários tratamentos clínicos, dietas, regimes, mas não fez psicanálise. Chama-me de doutora e acomoda-se largamente no divã.

Numa das primeiras sessões descreve seus lanches, ao sair da faculdade: "joelhos" com Coca-Cola. Não resiste a eles, mesmo frios e engordurados.

Essa referência a um pão recheado, cujo nome é uma parte do corpo, cria para nós duas a oportunidade de brincarmos sobre a fragmentação de seu corpo: braços, pernas, joelhos, mãos... Como esse conjunto se integraria?

O peso excessivo de B. não lhe garante uma existência. Mostra, no entanto, uma tentativa de criar consistência. Ao falar dos próprios trabalhos escolares, considera-os sempre fracos, precários, sem "recheio".

B. descreve para mim uma cena grotesca, com certo constrangimento: o hábito de defecar no chão do banheiro, ao tomar banho, e ficar observando a água desfazer as fezes. Penso aqui na encenação de sua angústia de dissolução, do quanto sente poder se desmanchar assim como suas fezes (seu produto).

Mas é o enquadre analítico com sua regularidade, meu consultório de paredes sólidas de uma casa antiga, a sala com livros (volumes) nas estantes, que vão constituindo para ela um espaço inicialmente físico de contenção. Esses limites fornecidos pelo ambiente asseguram-lhe alguns contornos. Aliados a isso, meu olhar firme e doce para com ela, minha voz não tão "doutora" oferecem gradativamente certo envelopamento.

Lembro aqui E. Bick:

> A investigação analítica do fenômeno segunda-pele tende a produzir estados transitórios de não integração. Somente uma análise que persevere na elaboração meticulosa da dependência primordial do objeto materno pode fortalecer esta fragilidade subjacente. Devemos enfatizar que o aspecto continente da situação analítica reside especialmente no *setting*, sendo, portanto, uma área na qual a firmeza da técnica é crucial.[10]

B. tenta explicar seu sintoma, a obesidade, pelo fato de ter mamado demais – história contada pela mãe. Se as informações indicavam ter havido excesso eu as coloquei sob suspeita. Procuro relativizar então com ela a questão da quantidade. Pondero sobre o contato frágil com o peito, lembrando-a de que nem sempre só o leite é "ralo". Confirmo pelo que relata em seguida ter sido, provavelmente, uma amamentação conturbada.

Conta-me sobre a morte de dois bebês antes dela, eram gêmeos. "Não vingaram." Acrescenta ter um irmão mais novo compulsivo por trabalho. Será que a mãe duvidou que ela vingasse? Teria ficado deprimida com a perda dos bebês?

Usa muito a palavra soberba. Brinco com ela sobre tratar-se de uma palavra gorda, cheia de "b"s. É vista pelas amigas como uma pessoa soberba, mas na verdade sente-se quase sempre incapaz e frágil.

Seu peso mais baixo foi de cem quilos, mas não consegue imaginar-se magra. Só se reconhece assim, são suas palavras. E talvez seja isso mesmo, ela só é se for assim. Não seria, portanto, uma questão de imagem de corpo deformada. Estamos falando de uma incerteza sobre a própria existência, e nem de longe sobre uma ameaça de castração.

---

[10] BICK, E., *The experience of the skin in early object-relations*, in "International Journal of Psycho-analysis", vol. 49, 1968, p. 468.

Vou ao dicionário. Soberba: comportamento extremamente orgulhoso, arrogância, presunção, imodéstia. Origem latina – superbus: o que está acima dos outros; ou superbhos: que cresce acima dos outros (o que me chama mais atenção).

Parece estar mesmo às voltas com seu tamanho, seu volume, seu valor.

Num determinado momento consegue ser selecionada para um estágio profissional muito desejado. Chega radiante, contando essa vitória. Não se dá conta do gesto: uma das mãos segura no pulso como se estivesse medindo sua pressão cardíaca. Pergunto se ela vai explodir. Falamos sobre essa ameaça de explosão de alegria, de não poder ficar "cheia de si".

Faço referência a uma expressão inglesa, citada por Joyce McDougall nas *Múltiplas Faces de Eros*: diz-se que o alcoólatra está sempre atrasado para funeral e para casamento (McDougall, 1997), o que quer dizer que o alcoólatra bebe em qualquer circunstância porque não consegue conter os afetos mais fortes, sejam esses tingidos de alegria ou de dor. Sentem que podem explodir? Mas quem garantia a B. que seu corpo não iria mesmo liquefazer-se ou explodir?

Pergunta-me ao final de uma sessão se ela era psicótica, assim, à queima-roupa. Digo-lhe que não, mas havia algo nela de fronteiriço, e sua obesidade nos dava sinais disso.

Desenvolver "massa", de gordura ou de músculos, "encorpar", amplia a ocupação no espaço, além de propiciar uma dimensão concreta de volume. Aderindo à comida produzo em meu corpo uma sensação de continuidade, mantendo afastada qualquer ameaça à existência. Mas tal mecanismo transforma-se num paradoxo: a criação de uma prótese para não sofrer quedas vertiginosas de desamparo pode me lançar num risco de morte.

Caso Z.

A etimologia da palavra adição refere-se à escravidão. Em sua origem latina, adictos eram os devedores que, não podendo saldar suas dívidas, tornavam-se escravos de seus credores – escravos por dívidas. A compulsão de fato aprisiona, escraviza.

Grudar em algo – álcool, substâncias tóxicas ou mesmo um objeto amoroso (as neossexualidades, segundo J. McDougall, 1997) – visa evitar rupturas, descontinuidades, que tão traumaticamente prejudicaram o senso de existir em seu início. É essa a mesma função de um objeto autista, muito diferente do que seria a do objeto transicional.

Z. recorre à análise em aflição profunda. O namoro com um colega de faculdade está prestes a acabar, e segundo ela "não há o que amorteça essa dor". Retenho esse verbo "amortecer".

Fazem tudo juntos, aulas, lazer, esportes e principalmente a monografia dele, que foi feita por ela. É uma atitude frequente: sua extrema doação aos outros, sempre disponível, solícita, tentando dar conta de seus trabalhos acumulados e dos outros. "Pensa sempre primeiro nos outros, ela nunca em primeiro lugar" – palavras suas.

Não se sustenta sozinha, só adicionada. Brinco com ela ser a adição sua operação matemática preferida, nunca a subtração.

Diante da intensidade dessa relação amorosa percebo ser a separação vivida como uma queda em abismo, e talvez por isso a referência aos amortecedores. Ela define amortecedor como aquilo que diminui o impacto, e então começamos a falar em despencar, cair. Guardo para mim que a palavra contém também morte, ela não se dá conta.

Em meio a uma sessão falando sobre passeios menciona terem sido poucos os momentos agradáveis em família. As raras viagens eram tensas, sua mãe parecia estar sempre muito irritada e por vezes se isolava no quarto do hotel. Mas em seguida corrige essa afirmação dizendo: "Não, mas ela não tinha nada de concreto". Diz que há pouco tempo um médico falou num diagnóstico de psicose maníaco-depressiva, mas isso não teria ficado muito claro...

Essa revelação da suposta doença da mãe – "nada concreta" – faz-me formular a hipótese de uma depressão geradora de uma falha básica, como diria M. Balint (Balint, 1993), fazendo com que esse eu não fosse devidamente construído.

Nessa sequência revela ter sido uma criança que nunca deu trabalho, muito autodidata, prescindia de ajuda nas tarefas escolares.

Para denominar os movimentos de "grude" de Z. no objeto amoroso ou em atividades incessantes, uso a palavra ventosa. Ela acha graça, diz corresponder fisicamente ao que sente – e assim vai identificando suas equações adesivas (que não a deixam desenvolver equações simbólicas).

Após dez meses de análise, quer interromper. Havia conseguido superar a separação amorosa. Não quer me dar mais trabalho. Na transferência, uma mãe frágil deve ser poupada. Eu havia mencionado, numa sessão anterior, que a partir dali a ventosa seria comigo, anunciando que a relação de dependência podia ser com a análise, e ela em seguida quis ir embora. Será que me precipitara nomeando antes do tempo o que viria ainda a acontecer?

Sua precocidade se evidencia. Não pode "engatinhar", tem logo de "andar". Comenta que um furacão passou pelo sul do Brasil e tenho a oportunidade de lhe apontar ter algo dessa ordem passado também entre nós, quase a arrancando dali.

Resolve continuar e reconhece que tem conseguido estabelecer limites aos pedidos dos colegas. Não precisa mais preencher sofregamente o tempo. Cria intervalos dentro de seu dia para "respirar". Usufrui os tempos de aula vagos na faculdade, sem os temer como se fossem "buracos".

Revela ingerir bebidas alcoólicas em excesso à noite e nos fins de semana. Precisa "se calibrar" antes das diversões, dos shows. O alcoolismo, não falado antes, aparece. São vários os episódios em que se embebeda, sendo levada para casa "desmantelada".

Cabe aqui lembrar outro mecanismo importante no autismo: o uso exacerbado das formas de sensação (Tustin, 1990). Em bebês normais elas se originam da "sensação" de substâncias corporais macias tais como fezes, muco, saliva e são os rudimentos das noções de fronteiras, delimitadoras de espaço. As crianças autistas recorrem a essas formas de maneira frequente e tendem a compensar com elas o fluxo aleatório das sensações de seu ser ameaçado. As formas de sensação acalmam, tranquilizam.

Segundo Fédida, o aquecimento produzido pela ingestão excessiva de álcool pode produzir uma forma de sensação, construindo um envelope, nem que seja térmico (Fédida, 1991).

Temos então uma sessão "térmica". Z. faz referência ao calor que sentiu com os amigos no fim de semana, num sítio em torno da lareira. Muito aconchego. Em seguida surge o assunto eleições em seu diretório na faculdade, e ela está na chapa "quente", assumiu um cargo muito bom "que caiu em seu colo", segundo ela. Aponto para o térmico presente na sessão, o aquecimento, não sendo mais devido ao álcool ingerido. Essa sensação Z. já descrevera para mim como uma "forma quente" no meio do corpo, formando uma impressão alucinatória de integridade psíquica.

Seguimos trabalhando face a face, e ela passa a me olhar "olho no olho" com mais tranquilidade. Era muito frequente seu desvio de olhar, mostrando receio de renovar a experiência traumática de não encontrar fundo em minha cabeça e assim cair atrás da pupila, o que acontece com um olhar deprimido. Eu sustento esse olhar sabendo ser esta uma experiência de estrutura rítmica do primeiro continente (G. Haag, 1986). O ritmo da dobra, como primeira forma de mentalização, é dado neste ir e vir da interpenetração dos olhares.

A imagem da mãe numa foto com a expressão desolada surge de maneira forte numa recordação. "Devia mesmo ser deprimida", conclui. Pensa então ter sempre confundido tristeza com depressão e, muitas vezes, acreditou que parando de se movimentar iria deprimir-se. Está estranhando esse ritmo novo, mais quieto, pausado. Gosta disso.

Tem um sonho com cobras, elas trocavam de pele, mas não tinha medo. Nessa ocasião apresentava coceiras na pele. A aquisição de um envelope tátil próprio parece efetivar-se.

Segundo D. Anzieu é na pele, por ser uma superfície na qual resultam percepções externas e internas (Freud já fazia alusão a essa bipolaridade tátil em 1923 no Ego e o Id), que o ego aprenderia seu desdobramento reflexivo: eu / não eu (Anzieu, 1985). Daí Freud ter razão ao afirmar que o ego é a projeção mental da superfície do corpo (Freud, 1923). A constituição de vários envelopes (sonoro, térmico, respiratório, muscular) ajuda a configurar essa noção de eu.

Z. me informava, por meio de seu sonho, viver um processo de separação das peles psíquicas, saindo então de uma precária organização egoica.

Considerações Finais

Dentro da perspectiva aqui apresentada os fenômenos que estão em jogo necessitam ser constituídos, e não recuperados como parte de uma realidade que já foi vivida. Daí não estarmos falando de retorno do recalcado, e sim de construção.

A técnica analítica fica realmente modificada. Aquilo que não se organizou em experiência com o outro vai precisar constituir-se na relação transferencial.

Winnicott usava com frequência a expressão "sob domínio do ego". A pessoa consegue colocar sua experiência sob domínio do ego, dizia ele (Winnicott, 1971). Porém isso significa possuir um ego que contenha seus conteúdos psíquicos.

Estamos diante da aquisição de um envelope psíquico, em que a discriminação "eu" / "não eu" não seja mais catastrófica. Porque o que houve foi da ordem da privação, não da castração (sendo esta posterior). A ênfase cai, portanto, no conceito de regressão. Faz-se necessário acompanhar o paciente onde não houve experiência, para que viva, na experiência analítica, a função que faltou.

Considerando o trabalho de promover transferencialmente uma "gestação psíquica", J. Kristeva fala em "enxertos de interpretação" – enxertos, pelo fato de a associação não vir do paciente, mas do próprio analista (Kristeva, 2000).

A "construção em análise" tem sempre algo inquietante – conhecendo a frase de Freud "Temos de fabricar ou criar o que desejamos obter" (Freud,1937) –, mas por isso P. Fédida acreditava que é "graças à força de imaginação analógica e metafórica do analista que o paciente pode tirar proveito terapêutico de sua regressão no tratamento" (Fédida, 1994).

Certos pacientes, como os descritos hoje, ao imporem dificuldades técnicas, exigem que o analista encontre palavras com maior capacidade sensorial. Elas devem recuperar sua relação com o corpo, para se tornarem representativas. Tentar ligar palavras às sensações é dar corpo à linguagem.

Venho denominando Psicanálise do sensível a essa tentativa de repensar o lugar da sensorialidade na teoria e técnicas analíticas. Dois eixos são fundamentais dentro dessa perspectiva:

1. O resgate da sensorialidade na constituição primordial do psiquismo.

2. A dimensão corporal da transferência.

Finalizando, gostaria de reafirmar por meio das palavras de Fédida que:

> O autismo adquiriu tal nível de pertinência semioclínica que sua descrição fenomenologicamente apurada transforma-o numa verdadeira fonte de modelização (Fédida, 1991).

8

DEPRESSÃO E REGRESSÃO EM ANÁLISE À LUZ DE UMA PSICANÁLISE DO SENSÍVEL[1]

Nunca uma psicopatologia poderia aproximar tanto corpo e psiquismo como a depressão. Neste trabalho pretendo abordá-la dentro da perspectiva de uma Psicanálise do sensível em três partes:[2]

I. Introdução: Perto das trevas
II. Caso P.: "uma depressão mal curada"
III. Os benefícios da depressão e a retomada da regressão em análise: o pensamento de P. Fédida e de D.W. Winnicott.

Introdução

Quando W. Styron, o autor do livro *Perto das Trevas*, expõe seu sofrimento, provocado por uma depressão aguda, podemos ter uma ideia da dimensão catastrófica dessa patologia.

A depressão, diz ele, é um distúrbio do espírito, tão misteriosa e imprevisivelmente percebida pela pessoa, pela mente media-

---

[1] Artigo publicado nos Cadernos de Psicanálise do Círculo Psicanalítico do Rio de Janeiro, ano 30, n. 21, 2008.
[2] Este trabalho foi escrito para o Congresso Internacional Corpo e Psicanálise a ser realizado em Aracaju em março de 2008. Contou com as leituras atentas e correções da psicanalista Aline de Leo Malaquias dos Santos e de Luiz Mariano Paes de Carvalho Filho. É dedicado à memória de meu pai, Ivan Hora Fontes, sergipano de Aracaju.

dora, que é quase indescritível. Sendo assim, permanece incompreensível.

Esse relato feito por um escritor de obra literária reconhecida (seu livro *A escolha de Sofia* teve versão cinematográfica) é um depoimento, dos mais sensíveis, sobre o percurso trágico de alguém que quase sucumbiu.

Foi surpreendido por um mal-estar aterrador, inicialmente físico, numa ocasião, em Paris, às vésperas de receber uma homenagem. Não conseguiu identificar causa aparente que o justificasse. Sua descrição, nos capítulos seguintes, é a de uma imersão em sintomas de extremo desconforto, incluindo então angústias desmedidas até a tentativa de suicídio. A competência de seu talento literário fornece uma visão de alguém que, efetivamente, foi bem perto das trevas.[3]

Até sofrer o ataque, o escritor nunca havia pensado na ligação do trabalho (os romances) com seu inconsciente. Os personagens, pelo menos três, tentam o suicídio, e as heroínas trilham o caminho da desgraça. Isso o leva a perceber que a depressão estava à espreita. "Desse modo a depressão, quando me dominou, não era uma estranha, nem mesmo uma visitante completamente inesperada. Há décadas ela batia à minha porta."[4]

Ele termina por se convencer que a condição mórbida tinha origem em seus primeiros anos de vida. Ele lembra o que chamam de "luto incompleto", isto é, não conseguir fazer a catarse da dor e,

---

[3] Tive contato pela primeira vez com o livro desse autor numa palestra da psicanalista Edna P. Vilete com o título "Perto das Trevas – a história de um colapso" no evento sobre Depressão: crise e criatividade, organizado pelo Espaço Winnicott-RJ, em junho de 2004. Ver bibliografia.
[4] STYRON, W., *Perto das Trevas*, Rio de Janeiro, Ed. Rocco, 2000, p. 86.

por isso, carregar no íntimo, por toda a vida, um misto de raiva e culpa, aliado à dor não liberada.

Caso P.: Uma depressão "mal-curada"

Muito descrente do que a Psicanálise ainda podia fazer por ele, P. referia-se a sua doença como uma "depressão mal-curada". Permanecia em tratamento medicamentoso, tomando lítio e alguns ansiolíticos. Nas entrevistas iniciais descreveu sua trajetória de análises desde os 25 anos e, naquela ocasião, um homem de 45, resolvera tentar mais uma vez. A expressão escolhida, referindo-se a outra usual, "uma gripe mal-curada", fez sentido quando me relatou não ter sido uma pessoa deprimida desde sempre.

Teve o primeiro "desabamento", como ele mesmo denominou, ao final do quarto ano de seu primeiro processo analítico. Na época, segundo ele, o analista considerou esse fato como um fracasso do tratamento, não aceitando encaminhá-lo a um psiquiatra. Interrompeu o atendimento, procurou por conta própria uma indicação psiquiátrica e recuperou-se aparentemente.

Iniciou novo processo analítico e em poucos meses estava sendo responsabilizado por seus sintomas depressivos, questionado pelos motivos de tal "boicote" a suas potencialidades. Na verdade sua depressão, assim percebeu, era vista como algo do qual ele tirava vantagens, não conseguindo dispensá-la. Seguiu culpando-se, tentando reagir, mas sem sinais de melhora da angústia avassaladora. Foi mais curta a duração dessa segunda tentativa de análise, cerca de um ano e meio.

Sem muitas expectativas e com desconfiança inicia sua análise comigo, aceitando a frequência de apenas uma sessão por semana. Uma de minhas primeiras interferências foi em torno do fato de poder finalmente viver a depressão dentro de um lugar propício para isso. Pensei nesse momento num artigo da psicanalista Edna Vilete no qual ela relata o atendimento de uma paciente que subitamente sofre um colapso, no sentido winnicottiano do termo, quando justamente completava seu quinto ano de análise.[5]

É com surpresa que ele registra esse ponto de vista e passa a compreender sua depressão de alguns anos atrás como resultado, e não ataque ao processo analítico. A depressão chegara, sem aviso prévio, por estar aguardando um terreno de confiança para se deixar tratar. (Esse aspecto será desenvolvido teoricamente na parte III.)

Sente-se uma sombra, não tem luz própria e desconhece suas capacidades. Pouco a pouco, vai revelando ter tido uma mãe deprimida a vida inteira. Suas lembranças da casa dos pais, onde vivia com mais dois irmãos, são de silêncio, poucas brincadeiras, de ir cedo para a cama. Fazer barulho, ouvir música, enfim, ter vitalidade podia incomodar a mãe, e isso seria fatal. A mãe, por vezes trancada no quarto, não alimentava os filhos ou, muito irritada, achava defeitos físicos nos três. Nada no corpo de P. a agradava, cor de cabelo, olhos amendoados, parecia feio por completo. E quanto ao mundo externo, para sua mãe, todos eram suspeitos, sua doutrina incessante era de que os filhos não podiam confiar em ninguém, só ela mereceria crédito.

Essa descrição me fez lembrar o filme "Os Outros", de Alejandro Amenabar, com Nicole Kidman no papel principal. É uma contribuição cinematográfica mostrando o isolamento que uma mãe pode causar aos seus bebês. A personagem mantinha os filhos num casarão, às escuras, com cortinas que não deixavam en-

---

[5] VILETE, P. E., *Regressão no processo analítico – a visão de Winnicott*, in "Revista Brasileira de Psicanálise", vol. 36 (4), 2002, p. 835-843.

trar a luz do sol, justificando sua atitude com uma possível doença das crianças. O enredo envolve mistério e terror e reflete um tema atual: assassinato de crianças e mortes em família. É a loucura materna que está ali exposta, e ao comentarmos o filme em sessão (P. também o havia assistido) aproximamo-nos de sua experiência. A depressão defende-se da tristeza pela paranoia e, o que é mais grave, há uma incapacidade maternal para se deixar utilizar como um objeto de amor pelo filho.⁶

Na escuridão, instaurada por uma mãe sem ternura, que possibilidade teria P. de identificar, sozinho, seu próprio brilho? Na definição freudiana de melancolia reencontramos esta imagem: a sombra do objeto cai sobre o ego, que passa a ser o objeto abandonado.⁷ A mãe, vivendo em si própria uma perda de objeto, dissemina essa sombra e encobre os que dela dependem.

Em uma determinada sessão, o assunto gira em torno de uma bebida chamada "morte súbita", comentário de um amigo, cujo nome chamou-lhe a atenção. Em seguida passa a falar de um prazer em descobrir músicas na internet, antigas, Villa-Lobos, e por momentos sentir uma "emoção viva", um júbilo. As associações seguintes são minhas: morte súbita, mal-súbito, morte, vida, vida súbita... Digo-lhe que parece sentir "vida súbita", brinco com ele que, ao contrário da fatídica bebida, o que sente é algo vivo, embora fugaz!

---

⁶ Ver crônica de J. Kristeva no livro *Chroniques Du temps sensible* com o título "L'enfer, c'est les autres", na qual ela ressalta que o filme *Os Outros* traz à cena a melancolia feminina, transformando uma mãe viva em uma mãe "morta". A presença afetiva e sensível desse outro que ela é fica anulada, logo esse que seria o primeiro presente que uma mãe deve oferecer a seus filhos.
⁷ FREUD, S. (1915), *Luto e melancolia*, E. S. B., Rio de Janeiro, Ed. Imago, 1969, v. XIV, p. 281.

Como diria Fédida, em certos casos, o paciente não suporta ter uma vida psíquica, para alguns é "muito difícil ser psiquicamente vivo".[8]

Pelo visto P. precisava esconder sua vitalidade. Sua memória vai ao encontro de um incômodo na época em que vivia com a mãe: a geladeira da casa sempre vazia. Era insuportável ver aquele vazio. Seria a própria expressão do corpo da mãe vazio e gelado?

Em um ano de análise a depressão retorna sem trégua. Ele havia me perguntado, no início, se eu estava certa de que poderia aguentar, anunciando-me assim a força devastadora de seu sofrimento. Não o assegurara, mas me comprometera a acompanhá-lo. Na verdade fiava-me nos suportes teóricos aqui apresentados e em minha análise pessoal. Posso afirmar que vivemos "a travessia do abismo", lembrando as palavras de M. Balint.[9]

Um dos momentos mais críticos ocorreu quando P. começou a repetir palavras sem nenhum sentido. Muito aflito, chega à sessão contando que dentro do táxi, em direção a meu consultório, repetira inúmeras vezes: "Cosme Velho, Cosme Velho", nome do bairro, e em seguida palavras a esmo, nomes de coisas que ele via ao passar, "carro, menino, sinal, janela...".

Acalmo-o, dizendo que era importante segurar-se nas palavras, como se elas fossem concretas e boas para se agarrar, não o deixando afundar. Faço o gesto com a minha mão, imitando o ato de agarrar no

---

[8] Ver seminário clínico de P. Fédida publicado na "Percurso" – revista de Psicanálise, ano XVI, n. 31/32, S. Paulo, p. 21.

[9] BALINT, M. *A Falha Básica*. No capítulo intitulado "A Travessia do Abismo", o autor diz que um paciente que tenha regredido até o nível da falha básica geralmente é incapaz de atravessá-lo por si mesmo. Balint privilegiou a noção de regressão, tendo sua fundamentação na obra de S. Ferenczi. O tema aqui desenvolvido pode se aprofundar com o estudo desse autor, que vem sendo recuperado como um importante representante da Escola de Budapeste. Vários de seus artigos tratam da questão da técnica analítica diante dos chamados "casos difíceis".

ar uma palavra (ele está de frente para mim, incapaz, nesse momento, de deitar no divã). Na angústia de queda sem fim as palavras não têm sentido, mas podem ter a mesma função dos objetos autistas, que, sólidos, garantem ao autista uma certeza de não despencar. Com isso, forneço-lhe uma compreensão desse estado em que ele acha que ia enlouquecer.

Queixava-se de estar isolando-se, evitando as pessoas, a família. Leio em Winnicott, em seu livro *Natureza Humana*, que o isolamento é uma proteção ao self invadido, uma maneira de evitar intrusões.[10] E é bem isso que P. tentava conseguir, manter-se inteiro na quietude, mesmo que precariamente, sem ameaças de esvaziamento.

Ao sair de uma das sessões ele se despede e eu coloco minha mão em suas costas, apoiando sua coluna. Havíamos falado muito sobre ele não se cobrar o esforço para se "erguer", para se animar, porque o momento era, ao contrário, de tolerância com esse estado regredido e de procurar em casa lugares aconchegantes para repousar.

O pior para um deprimido, dizia Fédida, é que se lhe aconselhem a reagir, levantar, ir à luta, enfrentar a vida.

Sua postura física é encolhida, sente seu corpo muito curvado e enroscado para frente; isso o aflige. Mostro sua necessidade de ter as costas em arco, pedindo apoio. É de G. Haag a constatação de que o feto sente desde muito cedo o dorso do corpo encostado nas paredes do útero, justamente com essa curvatura, já experimentando a sensação física de uma retaguarda.[11]

Solicito nesse período a revisão de seu tratamento psiquiátrico. Sua medicação é reavaliada por médico por mim indicado, e inicia um novo tratamento com antidepressivos, acompanhado mais efe-

---

[10] WINNICOTT, D. W., *Natureza Humana*, Rio de Janeiro, Ed. Imago, 1971, p. 149.
[11] HAAG, G., *A contribuição dos tratamentos psicoterápicos de inspiração psicanalítica para o conhecimento das dificuldades cognitivas específicas das crianças autistas*, "Les Cahiers de Beaumont", março de 1990, Paris, p. 44-52, tradução livre.

tivamente. Sendo o psiquiatra ocasionalmente homem, formamos, a partir daí, um casal cuidador, numa importante parceria.

Sente-se paralisar, fica imóvel em casa durante horas, condena-se depois por esse tempo perdido. Segundo Fédida, os humanos quando estão deprimidos podem tornar-se tão glaciais e imóveis quanto as próprias tumbas.[12]

Ressurge a geladeira da mãe onde só havia água e gelatina – nada de muito consistente. Ofereço meu olhar para ele, está em posição face a face nesse período, e digo que ele pode agarrar-se em meu olho. (Tenho aqui presente a teorização de G. Haag sobre a importância da interpenetração do olhar como construção de continência.)[13] Ele lembra que a mãe não o olhava, só existiam críticas da parte dela. No caminho para a análise observa uma casa em obras, comenta que são reformas de base. Fica muito evidente estarmos ali também fortalecendo os alicerces, onde tudo começou, cuidando das necessidades básicas, olhar e ser olhado, ser sustentado, e até um cardápio da semana eu preciso organizar com ele, para se alimentar.

Em certo momento afirmo que sua mãe foi realmente muito má, quase repetindo a intervenção de Winnicott no caso de sua paciente Margareth Little ao dizer: "Eu realmente odeio sua mãe".[14] Mesmo surpreso com essa minha afirmação, percebo que isso o conforta, como se ninguém até então pudesse ter lhe esclarecido sobre a realidade psíquica de sua mãe. Nem seu pai defendeu-o da patologia materna.

---

[12] FÉDIDA, P., *Dos Benefícios da depressão – elogio da psicoterapia*, no cap. "Mortos desapercebidos", São Paulo, Ed. Escuta 2002, p. 89.
[13] HAAG, G., *Hypothèse sur la structure rythmique du premier contenant*, in "Gruppo", n. 2, Toulouse, 1986, p. 45-51.
[14] LITTLE, M. *Ansiedades psicóticas e prevenção – registro pessoal de uma análise com Winnicott*, Rio de Janeiro, Ed. Imago, 1992, p. 48.

Lendo Guimarães Rosa, no conto *A Terceira margem do rio*, o paciente P. fica impressionado com a cena em que o pai do personagem permanece num barco no meio do rio, sem voltar, estagnado, incomunicável, longe da família. Mas eu aponto para o final da história, onde poderíamos, quem sabe, identificar algumas semelhanças com sua experiência. Ele não consegue lembrar como termina o conto, e aqui Freud mais uma vez tem razão: o esquecimento é o sinal revelador.

Ao final do conto o personagem filho consegue finalmente se comunicar com o pai e grita desejar substituí-lo no barco, porque agora, já adulto, pode trocar de lugar com ele, para acabar com aquela situação trágica. Ao que o pai acena finalmente, aceitando a oferta, o filho corre apavorado. Formulo a hipótese de que ele talvez estivesse às voltas com isso: uma substituição – quem agora é deprimido e ficaria no lugar do isolamento – ele ou sua mãe?

A análise de P. prosseguiu dentro do que podemos considerar "construções em análise", lembrando ser isso sempre algo inquietante; segundo o próprio Freud, "temos de fabricar ou criar o que desejamos obter" (1937). A ênfase cai, portanto, no conceito de regressão. Fez-se necessário acompanhar o paciente onde não houve experiência, para que vivesse, na experiência analítica, a função que faltou.

E Fédida acreditava que graças à força de imaginação analógica e metafórica do analista é que o paciente pode tirar proveito terapêutico de sua regressão no tratamento (1994).

Os benefícios da depressão e a retomada da regressão em análise: o pensamento de P. Fédida e de D. W. Winnicott

Apresentando o relato desse caso, tenho em mente a convergência entre as postulações de D. W. Winnicott e de P. Fédida sobre a importância da regressão.

P. Fédida, psicanalista francês com uma obra reconhecida em torno do tema do Corpo e da Psicanálise, deteve-se em seus últimos livros (faleceu em 2002) na investigação da depressão. Num livro intitulado *Dos Benefícios da depressão – elogio da psicoterapia* (2002), enfatiza o valor dessa patologia, no tocante a um ritmo vivenciado pelo paciente como possibilidade de reconstrução de um equilíbrio. O tempo será experimentado de forma a se aproximar do quase parado até que o paciente possa, dentro de uma regressão em análise, readquirir o movimento.

Encontro aqui um diálogo possível entre esse autor e D. W. Winnicott pelo menos em três de seus artigos: "Aspectos clínicos e metapsicológicos da regressão no contexto psicanalítico" (1954); "O medo do colapso" (1963) e "A importância do *setting* no encontro com a regressão na Psicanálise" (1964).

Considerando que Freud teria deixado a nosso cargo a tarefa de desenvolver o estudo da regressão, Winnicott dedica-se a esse aprofundamento. Destaco algumas de suas hipóteses e creio que poderão ser verificadas no caso de P. e no relato do escritor W. Styron.

Segundo ele, há um congelamento da situação da falha, o eu é capaz de se defender e ao mesmo tempo aguardar, de forma inconsciente, que em algum momento futuro haja oportunidade para uma nova experiência. Nesse momento, "a situação da falha poderá ser descongelada e revivida, com o indivíduo em estado de regressão dentro de um ambiente capaz de prover a adaptação adequada".[15]

Poderíamos então reconhecer a situação transferencial como o espaço pertinente para a regressão, o analista representando para o paciente o encontro com uma esperada boa maternagem.

Winnicott chama a atenção para a possibilidade de que o colapso já tenha acontecido, próximo do início da vida. O autor surpreende-nos ao afirmar que o paciente precisa "lembrar" um estado passado, que não pode ser lembrado porque ele não estava lá como um eu integrado. Diz o autor: "a única maneira de 'lembrar', neste caso, é o paciente experenciar esta coisa passada pela primeira vez no presente, ou seja, pela transferência".[16]

Fédida, apoiando-se em Freud, afirma que a transferência dispõe de uma memória alucinatória regressiva que vai buscar as formas vivas de um passado anacrônico por meio da presença, em pessoa, do analista.

Diante das angústias inimagináveis, revividas nos momentos de crise, os pacientes depressivos solicitam do analista que ele se torne uma forma plástica – um molde, segundo Fédida, próprio para receber o estado informe no qual eles se sentem. Alguns pacientes vivem a ameaça de se desmanchar no divã.

"A forma corporal que toma a aparência do deprimido impõe a imagem do leito da depressão." Ao dizer isso Fédida admite que a imagem é bastante winnicottiana: o analista não hesita em reforçar a ilusão regressiva da proteção quente de um divã (almofadas, mantas...).[17]

---

[15] WINNICOTT, D. W., *Da Pediatria à Psicanálise*, Rio de Janeiro, Ed. Imago, 2000, p. 378.
[16] WINNICOTT, D. W., *Explorações Psicanalíticas*, Porto Alegre, Ed. Artmed, 2005, p. 74.
[17] FÉDIDA, P., *Dos benefícios da depressão*, op. cit., p. 92.

Winnicott esclarece que estamos diante de um grupo de pacientes

> cuja análise deverá lidar com os estágios iniciais do desenvolvimento emocional, remota e imediatamente anteriores ao estabelecimento da personalidade como uma entidade... Nessa categoria de pacientes está em jogo o desenvolvimento emocional primitivo no qual é necessário que a mãe esteja segurando concretamente a criança.[18]

Podemos pensar que essa dimensão é oferecida pela presença viva do analista. Tendo em vista que o paradigma depressivo é a imaginação da vida inanimada, segundo Fédida, a depressão inevitavelmente remete ao frio, ao silêncio gelado, ao desaparecimento aparente da vida. A psicoterapia analítica, pelo processo que desencadeia, constitui exatamente uma reanimação desse vivente psíquico inanimado. Portanto, o que está em jogo no tratamento é o tempo da regressão, que Fédida define como o tempo de retorno das experiências psíquicas corporais anteriores, especialmente dos primeiros anos de vida. Em sua publicação *Por onde começa o corpo humano – retorno sobre a regressão* (2001), dá ênfase à retomada da noção de regressão (que caiu em desuso pelos analistas), justamente em razão dos casos reputados difíceis.

Esse ponto de vista comum aos dois autores vai colocá-los diante das dificuldades inerentes à técnica analítica. Se, por vezes, a tarefa parece simples, por ser uma experiência demasiadamente humana – a de ressonância íntima com o outro –, o que entra em questão é "a percepção do analista de sua própria membrana de ressonância".[19]

Nessa perspectiva Winnicott chama atenção para o fato de que esse trabalho não apenas é difícil, mas absorve uma grande quantidade da capacidade de investimento psicoenergético do analista.

---

[18] WINNICOTT, D. W., *Da Pediatria à Psicanálise*, op. cit., p. 375.
[19] FÉDIDA, P., *Dos benefícios da depressão*, op. cit., p. 32.

Aconselha a condução de dois ou três casos, e não quatro ao mesmo tempo. Há que se considerar a violência produzida pela depressão do paciente sobre a vida psíquica do analista.

Cabe observar que ambos os autores consideram que a cura do estado deprimido encontra-se na aquisição de uma capacidade depressiva, ou seja, das potencialidades da vida psíquica (a subjetividade dos tempos, a interioridade, a regulação das excitações...). Fédida acrescenta: "os pacientes deprimidos só podem curar-se se forem ajudados a entrar em contato com seus mortos".[20]

Se a regressão à dependência, como diria Winnicott, é necessária, estamos, então, diante de um período inicial do desenvolvimento do indivíduo em que o corpo tem papel preponderante. Em minhas pesquisas sobre a memória corporal,[21] constatei que o corpo está, de fato, na origem do psiquismo. Venho denominando Psicanálise do Sensível a essa tentativa, portanto, de resgatar o lugar da sensorialidade na teoria e nas técnicas analíticas.

Os estudos de F. Tustin e G. Haag, especialistas em autismo infantil, devem ser aqui enfatizados. Por meio de suas contribuições, temos uma sólida descrição dos aspectos corporais envolvidos na constituição primordial do psiquismo.[22] Esse conhecimento pode servir-nos de bússola na orientação dos fenômenos apresentados pelos pacientes adultos imersos ainda nessa necessidade de discriminação eu/não eu. Enumero aqui uma lista dos elementos

---

[20] FÉDIDA, P., ibid., p. 97.
[21] FONTES, I., *A Memória corporal e a transferência – fundamentos para uma Psicanálise do sensível*, São Paulo, Ed. Via Lettera, 2002.
[22] FONTES, I. Ver meus dois artigos que resumem as ideias das autoras: "O registro sensorial das impressões precoces", na revista da SPC-RJ, vol. 19, n. 22, 2003, e "A ternura táctil: o corpo na origem do psiquismo", in revista Psychê, ano X, n. 17, São Paulo, 2006.

corporais cruciais para a integração que resulta num nascimento psíquico: o ritmo de vaivém do "olho no olho" e do "bico do peito na boca", o suporte nuca-pescoço-costas, o envelope verbal suave – a dobra do som, as junções intracorporais (unir as duas metades do corpo em torno da coluna vertebral), a noção de esqueleto interno, as articulações corporais e a experiência tátil.

Winnicott usava com frequência a expressão "sob domínio do ego". A pessoa consegue colocar sua experiência sob domínio do ego, dizia ele (1971). Porém isso significa possuir um ego que contenha seus conteúdos psíquicos. É por meio da dimensão corporal da transferência que o paciente pode beneficiar-se de uma construção de seu ego corporal, que se encontra ainda não-integrado. O trabalho dessa "reforma de base", como mencionado pelo paciente P., requer do analista uma postura suficientemente boa e contínua, e ao *setting* deve-se atribuir também uma função continente.

Termino com o final do livro de W. Styron:

> Para aqueles que viveram no bosque tenebroso da depressão e conheceram sua agonia indescritível, a volta do abismo não é muito diferente da ascensão do poeta, subindo e subindo, deixando as profundezas negras do inferno para chegar ao que ele via como "o mundo cheio de luz". Aí, quem recuperou a saúde quase sempre recupera a capacidade para a serenidade e a alegria, e isso deve ser indenização suficiente por ter suportado o desespero além do desespero.[23]

---

[23] STYRON, W., *Perto da Trevas*, op. cit., p. 91.

D

Sobre os autores:
P. Fédida e J. Kristeva

9

PIERRE FÉDIDA
UMA HOMENAGEM PARTICULAR[1]

Em outubro de 2002, a convite da instituição Formação Freudiana no Rio de Janeiro, pude expor alguns dos aspectos da obra de P. Fédida que influenciaram minha pesquisa de doutorado sobre o tema da memória corporal e a transferência. Apenas quinze dias depois recebia a notícia de seu falecimento, o que me fez transformar a palestra num artigo que aqui apresento como uma homenagem, infelizmente, póstuma.

A questão que norteou o trabalho de tese, defendida na Universidade Paris 7 sob sua orientação, foi sobre a dimensão corporal da transferência. Trata-se de considerar o corpo sensível do paciente tal qual ele aparece à escuta do analista. E este corpo sensível surge despertado pela transferência, reproduzindo sensações anteriormente experimentadas.

Se de início as observações clínicas detiveram-se nas manifestações corporais de pacientes somatizantes, em seguida a pesquisa ampliou-se incluindo o retorno dessa memória corporal em outras organizações psíquicas.

O encontro com Fédida foi então determinante. Psicanalista e professor da Universidade Paris 7, diretor do Laboratório de Psicopatologia

---

[1] Palestra proferida em 17 de outubro de 2002, a convite da psicanalista Suzana Nolasko, na Formação Freudiana, instituição psicanalítica no Rio de Janeiro, e publicada na Revista Percurso, ano XV – n. 31, São Paulo, segundo semestre de 2003.

Fundamental e Psicanálise e do Centro de Estudos do Vivente na citada Universidade, esse autor pretendia traçar uma Metapsicologia da clínica. Assemelhava-se assim a S. Ferenczi (tendo nesse autor uma referência teórica importante) numa mesma intenção: uma metapsicologia da técnica, que infelizmente o analista húngaro não pode levar a termo.

O contato com suas ideias por meio de livros traduzidos para o português (*Clínica psicanalítica – estudos*[2] e *Nome, Figura e Memória – a linguagem na situação psicanalítica*[3]) iniciara pouco antes de minha ida à França, por orientação do professor e psicanalista Chaim Katz. Fédida nesses escritos apontava para o lugar do corpo dentro da teoria e técnica analíticas. Fui encontrar eco em suas postulações para uma série de impasses com que me deparava na clínica.

Em busca de sua orientação, candidatei-me ao mestrado que se desdobrou num doutorado tendo então como hipótese de trabalho: "As sensações registradas filo e ontogeneticamente pelo indivíduo reaparecem na transferência com o analista, quando o paciente encontra o espaço apropriado à repetição das cenas mais precoces".[4]

Atualmente, este tema, *o corpo e a transferência* recebeu um aprofundamento em pesquisa de pós-doutorado no Laboratório de Psicopatologia Fundamental da PUC/SP e nas publicações em francês[5] e em português[6] da tese citada.

---

[2] Fédida, P., *Clínica psicanalítica – estudos*, São Paulo, Escuta, 1988.
[3] Fédida, P. (1991), *Nome, figura e memória – a linguagem na situação psicanalítica*, São Paulo, Escuta, 1992.
[4] Cf. tese de doutorado intitulada "La Mémoire corporelle et le Transfert", defendida pela autora em 1998 no Laboratoire de Psychopathologie Fondamentale et Psychanalyse – Université Paris 7.
[5] Fontes, I., *La Mémoire corporelle et le Transfert*, Paris, Presses Universitaires du Septentrion, 1999.
[6] Fontes, I., *Memória corporal e Transferência – fundamentos para uma psicanálise do sensível*, São Paulo, Via Lettera, 2001.

São três os aspectos dentro da obra de P. Fédida que me influenciaram particularmente e nos quais encontrei fundamento para o tema em questão:

I. A visão do autismo como modelo paradigmático em Psicopatologia Fundamental
II. A retomada da noção de regressão em análise, apoiada em S. Ferenczi
III. A ênfase no trabalho de transferência

Farei uma breve exposição de cada um desses aspectos, finalizando com alguns dos comentários de P. Fédida na banca de defesa de minha tese, transcritos de fita gravada na ocasião (outubro de 1998).

A visão do autismo como modelo paradigmático em psicopatologia fundamental

Segundo Fédida, a teoria freudiana do autoerotismo continua apontando para novas vias de pesquisa. Lembrando a fórmula de Bleuler de que "o autismo é o autoerotismo sem o Eros", ele vai propor o autismo como verdadeiro paradigma teórico-clínico.[7]

Para ele, a anorexia, por exemplo, pode ser pensada clinicamente pelo modelo do autismo, se considerarmos o mecanismo de retração, isolamento e recusa alimentar como uma autossensualidade conservadora.

---

[7] Fédida, P. (1990), "Autoerotismo e autismo: condições de eficácia de um paradigma em psicopatologia", in *Nome, figura e memória – a linguagem na situação psicanalítica*, São Paulo, Escuta, 1992.

Recorre a F. Tustin, autora inglesa reconhecida por seu trabalho teórico-clínico com crianças autistas, principalmente no que ela postula sobre a *produção de formas*. Cito-a:

> Parece provável que o bebê humano normal tenha uma disposição inata para criar *formas*. Essas *formas* primárias são provavelmente formações vagas de sensações. Elas tenderiam a compensar a aleatoriedade do fluxo de sensações que constitui o senso de ser primitivo da criança... Essas primeiras *formas* originam-se da "sensação" de substâncias corporais macias, tais como fezes, urina, muco, saliva, o leite na boca e até o vômito, algumas dessas sendo objeto de experiências repetidas. Entretanto as *formas* são mais importantes para a criança do que as substâncias corporais. As substâncias corporais são meramente produtoras de *formas*... As *formas* de sensações normais são os rudimentos básicos para o funcionamento emocional, estético e cognitivo. Se as coisas dão errado aqui, então problemas terríveis são acumulados. Foi o que aconteceu com as crianças autistas.[8]

A autora considera o autismo como uma aberração que se desenvolveu como resultado de uma experiência traumática de separação corporal. Haveria uma exacerbação dessa autossensualidade das formas, sem permitir a entrada no autoerotismo que já precisaria supor o outro.

Fédida afirma:

> Trata-se de verdadeiras catástrofes ocorridas no início da vida, que destruíram a capacidade imaginária de um círculo autoerótico da *forma* e que, ao mesmo tempo, afetaram o conjunto de possibi-

---

[8] TUSTIN, F. (1989), *Barreiras autísticas em pacientes neuróticos*, Porto Alegre, Artes Médicas, 1990, p. 99-100.

lidades de constituição de um *si* e de suas defesas, inclusive imunitárias, sendo que a percepção – por assim dizer, *em abismo* – destas catástrofes é parcialmente possível por meio das tentativas da criança para se *proporcionar* um organismo por autossensualidade.[9]

O que os bebês normais obtêm nas superfícies de seus corpos, ele nos diz, é a impressão de uma forma. Essas superfícies ainda não constituem a pele como fonte diferenciada (interna/externa) autoerótica: são superfícies de impressões ou, mais exatamente, de projeções de superfícies a partir do suporte da pele... Ainda não se trata da atribuição de uma pele, mas apenas de uma superfície ulteriormente capaz de produzi-la.

Tudo isso nos remete aos tempos precoces, às marcas ou registros sensoriais precoces que envolvem o corpo antes mesmo que a linguagem surja. Resgata-se assim a importância da sensorialidade na constituição primordial do psiquismo. Dentro de uma investigação sobre a memória corporal e como ela se manifesta por meio da transferência, torna-se fundamental o estudo desses primeiros tempos.

Algumas psicopatologias consideradas por alguns como *modernas* têm como denominador comum a incapacidade de representação – incluídas aí as psicossomatoses, os estados-limites as organizações aditivas – e podem ser vistas por meio desse paradigma. Sua hipótese é de que "o autismo adquiriu tal nível de pertinência semioclínica que sua descrição fenomenologicamente apurada transforma-o numa verdadeira fonte de modelização".[10]

Fédida considera que no alcoolismo podemos pensar que a substância se torna importante para o sujeito por estar ligada a essa

---

[9] Fédida, P., op. cit., p. 156-157.
[10] Fédida, P., op. cit., p. 151.

produção de forma: "que o álcool torne-se a última substância que permite a experiência de um *fundo negro no interior*".[11] Como se isso ocorresse, ele continua, "para criar intrapsíquica ou intracorporalmente o lugar do outro, por assim dizer inédito. Produzir um topos para este outro é a obra transferencial da análise e da psicoterapia".[12]

Um breve relato clínico

B. é um homem de 50 anos, músico de sucesso já vencido, que me diz não saber se é alcoólatra. Não bebe todo dia, mas consome por vezes uma garrafa de vodca em parceria com a mulher em dias comuns.

Intriga-me a história de B., menino talentoso, pianista precoce, aderido durante anos a um grupo musical falido, sem autonomia financeira, e mostrando-se a cada sessão analítica frágil e vulnerável.

Sua foto de infância vestido de terno revela a deformidade já inicial – *um menino que nunca deu trabalho*. Só chorou de desespero quando a irmã nasceu, aí, aos três anos, deu sinais de que era criança... contava a mãe, orgulhosa de seu filho maduro. Andou cedo, falou cedo, tocou piano para todos sentado com seu pequeno corpo num tamborete onde não tinha nem como se encostar. Nenhuma retaguarda, nenhum respaldo afetivo.

A adição – o alcoolismo – ganha para mim contornos de uma privação inicial e me lança no território do autismo, nessa capacidade exacerbada de criação de formas de sensação para garantir uma sobrevivência psíquica. Minha clínica transforma-se, e avalio

---

[11] Fédida, P., op. cit., p. 157.
[12] Fédida, P., op. cit., p. 157.

que a análise de B. será uma longa trajetória de construção de um eu, não por meio de uma ressignificação de experiências já vividas, mas como uma nova experiência, inaugural.

No caso de B. o álcool não entraria para preencher uma carência afetiva ou *anestesiar sentimentos*, mas a ingestão dessa substância forja um aquecimento que cria uma forma interna ilusória de consistência.[13] É uma impressão alucinatória de integridade psíquica.

Podemos passar para o segundo aspecto:

A retomada da regressão como fenômeno inerente ao processo analítico

Apoiado nas ideias de S. Ferenczi, Fédida irá rever a noção de regressão em análise. Em suas *Conclusões bioanalíticas*,[14] Ferenczi defendia a ideia de uma tendência à regressão em ação na vida psíquica como a existente na vida orgânica. Segundo ele a análise não chegaria a nada sem a regressão. Segue afirmando que se o analista dispõe de meios para imaginar analogicamente o que escuta do paciente, uma sessão de análise equivale a uma sequência ontogenética que recapitula a infância filogenética da espécie no indivíduo, pautando-se aqui na lei de Haeckel.[15]

---

[13] Cf. meu artigo "O corpo mascarado e o tempo sensível", in *Cadernos de Psicanálise* do Círculo Psicanalítico do Rio de Janeiro, n. 15, ano 24, Rio de Janeiro, 2002, p. 195-196.
[14] FERENCZI, S. (1914-15/1924), *Thalassa-essai sur une théorie de la genitalité*, in "Oeuvres complètes", Psychanalyse 3, Paris, Payot, 1977, p. 311-323.
[15] HAECKEL, E. (1834-1919), zoólogo alemão para o qual a lei filogenética estipula que cada organismo recapitula no curso de seu desenvolvimento embrionário as diferentes etapas da história evolutiva da espécie.

Inspirado nessas formulações, Fédida escreve um artigo intitulado "A regressão: formas e deformações",[16] em que defende a regressão no tratamento.

Para ele é graças à imaginação analógica e metafórica do analista que o paciente pode obter recurso terapêutico de sua regressão no tratamento.

Quando, portanto, uma relação analítica encontra-se num nível primário, ou seja, quando a transferência atinge níveis mais arcaicos, as palavras não são possíveis, e as sensações têm lugar. A dupla analítica encontra-se de maneira particular (o "estado de transe"[17] de Ferenczi).

Cabe aqui lembrar que a hipótese de minha pesquisa foi sobre a existência de uma memória corporal constituída de fragmentos de impressões sensoriais da mais tenra infância que seria despertada no curso de uma análise pelo fenômeno da *regressão alucinatória* da transferência.

Esses registros, que se fazem no corpo de início autossensuais, (e que podem ganhar nos autistas proporções desmesuradas) produzem *formas* vitais para o desenvolvimento e o asseguramento de uma futura identidade psíquica. Há então a possibilidade de que justamente as *formas* descritas por F. Tustin se reapresentem por vezes dentro da relação analítica por meio da transferência.

Esses fenômenos, segundo ele, encontram-se isolados de uma fala que possa descrevê-los; produzem apenas imagens sensoriais experimentadas pelo analista (não sendo metáforas). São muitas

---

[16] FÉDIDA, P. *La régression, formes et déformations*, "Revue Internationale de Psychopathologie", n. 5, Paris, PUF, 1994.
[17] FERENCZI, S. (1930), "Princípio de relaxação e neocatarse", in *Escritos psicanalíticos – 1909-1933*, Taurus, Rio de Janeiro, p. 327.

vezes essas formas autísticas que, mesmo que não estejamos diante de uma criança autista, entram em jogo em outras síndromes e nos surpreendem na clínica de adultos.

Segundo Fédida:

> Em várias condições o analista vê sua própria atenção prender-se ao conteúdo dramático da fala que lhe é endereçada em sessão, e suas intervenções são feitas no sentido do deslocamento transferencial. Mas em certos momentos essa atualização faz desaparecer toda a associatividade de que a palavra seria capaz, caso o vivido fosse mantido pelo que é, a saber, uma forma alucinatória do desejo.[18]

A ênfase no trabalho de transferência

A transferência favorece extraordinariamente a instauração das mais refinadas manifestações. Essa é a razão pela qual analista e analisando são colocados em uma situação em que os movimentos regressivos poderão ter lugar, níveis sensoriais incluídos.

Fédida vai explorar muito essa modalidade de comunicação nos processos transferenciais, título de um de seus artigos.[19]

Para ele, analista e analisando são remetidos ao que ele denomina *inquietante estranheza* da transferência. O próprio daquilo que chamamos transferência, diz ele, está em constituir um fenômeno *unheimlich*, por seu desencadeamento e pela potência psicótica (alucinatória) dos processos ativados.[20]

---

[18] FÉDIDA, P., *Modalités de la communication dans le transfert et moments critiques du contre-trasnfert* in "Communication et représentation", Paris, PUF, 1986, p. 79-80.
[19] FÉDIDA, P., op. cit.
[20] FÉDIDA, P. *A Angústia na contratransferência ou o sinistro (a inquietante estranheza) da transferência"* in "Clínica psicanalítica – estudos", op. cit., p. 91.

Em minha pesquisa pude constatar que na comunicação analista-analisando é necessário admitir, como parte inerente do tratamento, uma via sensorial. Do mesmo modo que a poesia nos reenvia a uma experiência de sensação(ões) por meio de uma sequência de palavras fora de uma lógica discursiva, a transferência presta-se ao encontro das vicissitudes da experiência vivida, numa reprodução de sensações anteriormente experimentadas. Na maioria dos casos essas manifestações irrompem bruscamente por meio dos aparelhos visual, auditivo e olfativo, quase como uma alucinação, oferecendo condições para um retorno do infantil. Pode ser uma sensação corporal inesperada, que adentra o espaço analítico e que indicaria uma experiência precocemente vivida. Está em jogo a capacidade do analista de interpretar esses enunciados corporais.

Portanto, aceitando a ideia da "transferência como condição de uma recolocação em movimento do círculo da forma autoerótica",[21] podemos esperar pelo advento de regressões alucinatórias durante o tratamento.

O registro sensorial escapa por vezes ao processo de recalcamento, justamente por estar fora da representação. Como diria S. Ferenczi, "a lembrança fica impressa no corpo, e é somente lá que ela pode ser despertada".[22] Algumas impressões ficariam inscritas nessa memória corporal, memória esta que retorna despertada pelo processo transferencial, oferecendo a possibilidade de representação.

Lembrando S. Freud: "as experiências inaugurais produzem fortes impressões e são relativas ao corpo próprio ou às percepções

---

[21] Fédida, P., *Nome, figura e memória – a linguagem na situação psicanalítica*, op. cit., p. 161.
[22] Ferenczi, S., Notas e fragmentos, in "Obras completas – Psicanálise 4", São Paulo, Martins Fontes, 1992, p. 268.

sensoriais, principalmente de ordem visual e auditiva".[23] Em 1937, em seu texto "Construções em análise", refere-se à presença de verdadeiras alucinações, certamente não psicóticas, surgidas ao longo do tratamento:

> Talvez seja uma característica geral das alucinações – à qual uma atenção suficiente não foi até agora prestada – que, nelas, algo que foi experimentado na infância e depois esquecido retorne – algo que a criança viu ou ouviu numa época em que ainda mal podia falar e que agora força o seu caminho à consciência, provavelmente deformado e deslocado, devido à operação de forças que se opõem a esse retorno.[24]

A noção freudiana de memória do infantil é invocada por Fédida para esclarecer essas alucinações em análise. Daí considerarmos a transferência como lugar privilegiado para a regressão alucinatória. Talvez pudéssemos dizer até que ela é em si mesma uma regressão alucinatória.

É preciso que o analista exerça sua imaginação e capacidade regressiva para poder ter acesso a esse material fornecido pelo paciente. Se ele encontra seu lugar de recepção sensório-cinestésica, o paciente poderá "comunicar" seus signos sensoriais e transmitir vivências de intimidade e estranheza.

Face à angústia arcaica do paciente, o analista encontra-se numa situação delicada – é o momento em que a memória corporal manifesta-se em lugar da linguagem verbal. E o corpo do analista

---

[23] FREUD, S. (1939), *Moisés e o monoteísmo*, Edição Standard brasileira das Obras completas, vol. XXIII, Imago, 1975, p. 93.
[24] FREUD, S., *Construções em análise*, in "Obras completas", Edição Standard brasileira, vol. XXIII, 1975, p. 302.

é implicado nesse processo. Segundo P. Fédida, o analista precisa ressoar a comunicação do paciente, isto é, deve produzir algum eco em seu próprio corpo, de modo que, por meio da vivência contratransferencial, possa entrar também em contato com essas experiências primitivas.

Comentários de P. Fédida sobre a pesquisa "A Memória Corporal e a Transferência"

Na banca de defesa de tese de meu doutorado P. Fédida afirmou, dentre outras observações:[25]

> Quando a doutoranda veio me falar de seu projeto de tese eu logo percebi que o que a interessava era, com efeito, a memória da transferência, própria da transferência. E que seu projeto mais amplo era, no fundo, uma reflexão sobre a técnica, sobre a prática analítica.
> Tenho simpatia por esse trabalho que acaba de ser concluído e que tem por interesse colocar em evidência algo que me tem ocupado desde muito tempo. Este tema, memória, corpo e transferência, situa-se no coração mesmo da Psicanálise e, eu diria, também em seu próprio futuro.
> Uma perplexidade muito fecunda de sua parte conduziu-a a refletir, a partir de casos clínicos de sua experiência, sobre aquilo que colocava em conflito eventualmente a estrita obediência às regras e ao mesmo tempo fazia aparecer certo número de acontecimentos que revelavam precisamente um campo a teorizar. Iria, portanto, precisar interrogar-se sobre que conjunto de dispositivos analíticos considera a extraordinária presença do corporal. E quero lembrar não se tratar de modificar radicalmente a técnica, mas as interven-

---

[25] Trechos de texto de fita gravada, transcritos e traduzidos pela autora.

ções do analista vão precisar levar em conta as experiências corporais originais que se encontram presentes na transferência.

Orientando-se fundamentalmente na teoria freudiana, foi necessário, no entanto, constatar que o fenômeno corporal implicava considerar na interpretação, e na própria técnica, o que não passa pela regra verbal.

Era preciso evitar toda a facilidade que consistiria em poder retomar os slogans de certas terapias corporais, quer seja *gestalt* ou outras, e que consiste em querer supor que podemos diretamente ter acesso ao infantil, o mais traumático, através de experiências corporalmente vividas.

Creio no horizonte no qual se situa seu trabalho, tanto que poderíamos dizer "imaginação corporal e interpretação" – como se apresenta afinal essa imaginação do corpo na atividade de interpretação e em toda a intervenção. Tendo em vista que essa relação não consiste em tocar o paciente, a doutoranda seguiu no sentido de uma pesquisa que, do meu ponto de vista, não poderia se desenvolver e ter uma resposta satisfatória sem uma experiência clínica que produzisse novas hipóteses teóricas efetivas.

Enquanto lia seu trabalho eu estava ao mesmo tempo preparando conferências que farei no Brasil com os argumentos de Lévi-Strauss de 1947, em seu projeto de comparar a técnica freudiana à técnica do xamã. Nessa comparação ele coloca em evidência as oposições entre a comunidade verbal e imaginária que sustenta a ação do xamã e a atividade psíquica que sustenta a atividade do analista. E eu me perguntava se um texto como esse de Lévi-Strauss teria para nós hoje em dia certa eficácia. Trata-se talvez de saber se nós já não teríamos formulado uma resposta a essa questão que se lhe apresentava na época: que os gestos verbais que o xamã dirige a sua paciente, no caso uma mulher que está doente no momento em que vai parir, não conduzem a despertar a "saída" do mal. Em seu texto vemos o caminho que percorre o gesto da palavra para ir buscar no corpo a forma doente e colocá-la nesse momento fora do corpo da paciente.

Sua tese coloca a seguinte questão atual: Será que nós evoluímos sobre a nossa concepção de interpretação? Essa que produzimos no tratamento e que se forma no interior do material de sensações que o analista recebe vindas de seu paciente? Refiro-me a esse não verbal, se os senhores assim o querem, melhor seria designá-lo como sensorial, como sensual, como sexual não agido na sessão. Será que a interpretação forma-se nessa capacidade gestual que permite em seguida ao paciente receber as palavras do analista, com, digamos, o material que é de sua experiência transferencial?

Portanto, a questão que eu levanto é, mais globalmente, sobre a evolução da técnica analítica. O desdobramento desta pesquisa de tese concerne precisamente esse ponto, posto que me parece ter sido lançada uma primeira pedra que, agora, lhe permitirá alcançar a construção que virá.

Concluo aqui esta exposição considerando que devo a Pierre Fédida meu reencontro com uma Psicanálise *sensível*; sua obra incitou-me a desenvolver as ideias da pesquisa que continua atualmente com o título "A dimensão corporal da transferência – evoluções da técnica analítica". Sou muito grata à confiança que em mim depositou.

Post-scriptum

Sinceros agradecimentos ao amigo Marcelo Marques, psicanalista da Association Psychanalytique de France, a quem devo meu primeiro contato com P. Fédida em Paris.

JÚLIA KRISTEVA E O TEMPO SENSÍVEL[1]

Autora de uma extensa obra, J. Kristeva vem destacando-se como uma das pensadoras mais instigantes da Psicanálise francesa contemporânea. Minha intenção é partilhar com o leitor algumas de suas ideias. No dizer de Roland Barthes, ela sabe ser efervescente em vários sentidos: como presença e autoridade de pensamento.

Cabe aqui uma breve biografia. Búlgara de origem, francesa por adoção (reside na França há mais de 30 anos), J. Kristeva é psicanalista, semióloga, romancista e professora das Universidades de Paris 7 e Columbia, de Nova York. Atualmente dirige a Escola Doutoral de Línguas, Literatura e Civilizações da Universidade Paris 7.

Alguns de seus livros têm tradução brasileira: *Estrangeiros a nós mesmos*, *Sol negro. Depressão e melancolia* (ambos da Ed. Rocco); os romances *Os samurais*, *O velho e os lobos* (Ed. Rocco), *Histórias de amor* (Ed. Paz e Terra); o ensaio *No princípio era o amor* (Ed. Brasiliense) e, o mais recente, *Sentido e contra-senso da revolta – poderes e limites da Psicanálise,* foi lançado este ano pela Ed. Rocco.

---

[1] Artigo publicado na Pulsional Revista de Psicanálise, ano XIII, n. 139, São Paulo, Ed. Escuta, novembro de 2000.

O título desta obra foi tema de um de seus cursos na Universidade Paris 7 (1994/95), cujas aulas foram transcritas por alunos e publicadas na França em dois volumes. O primeiro desses volumes nos chega agora. Sua forma de discurso direto nos dá a dimensão da eloquência da mestra.

Militante de maio de 68, J. Kristeva participou do movimento feminista dessa época e sempre esteve voltada para a questão política. Mantém sua visão crítica dos acontecimentos contemporâneos, o que revela em suas recentes publicações: *As novas doenças da alma* (Ed. Fayard), *Contra a depressão nacional* (Ed. Textuel) e *O Futuro de uma revolta* (Ed. Calmann-Lévy).

Condições da vida moderna reduzem o espaço psíquico

Segundo J. Kristeva, as condições da vida moderna, com o primado da tecnologia, da velocidade, da imagem, reduzem o espaço psíquico – que corre até o risco de extinção. Aponta para a redução espetacular de nossa vida interior:

> Fazemos economia dessa representação das experiências que chamamos vida psíquica.

Daí a necessidade de se contrapor uma "cultura-revolta" à atual "cultura-diversão", "cultura-show" que fazem parte de nossa sociedade do espetáculo (G. Debord).

É contundente sua afirmação de que a vida psíquica só será salva se ela se der o tempo e o espaço das revoltas: romper, rememorar, refazer. É dentro dessa perspectiva que ela recupera o sentido de revolta como um retorno que visa uma subversão, um deslocamento, uma mutação, desfazendo-se de seu sentido restrito de mera oposição. Essa revolta seria a lógica profunda de certa cultura que J. Kristeva quer reabilitar.

Ela considera que a vida psíquica do homem atual situa-se entre os sintomas somáticos (a doença e o hospital) e a colocação de seus desejos em imagens (o sonho diante da TV ou do computador). E que para além das diferenças entre esses novos sintomas temos um denominador comum: uma dificuldade crescente de representação psíquica. As "novas doenças da alma", os doentes deste início de novo século, mostram uma incapacidade de ligar corpo à palavra, de nomear sensações. Ela menciona uma inibição do tempo sensível, por mais que possamos observar, paradoxalmente, uma exacerbação do tema do corpo.

Acredita, então, que uma revalorização da experiência sensível faz-se necessária em termos justamente de conjugá-la a uma "cultura-revolta". Uma das condições necessárias, segundo ela, à vida do espírito seria uma reabilitação do sensível.

Tomando como base o pensamento de Hanna Arendt, J. Kristeva afirma que nossos contemporâneos estão inaptos a julgar o bem e o mal e mergulham em sua banalização. Muitos não conseguem representar psiquicamente (palavras, imagens, pensamentos) seus conflitos e vão consequentemente ao vandalismo, às psicossomatoses, às drogas.

É nesse sentido que cabe ressaltar a originalidade da contribuição de J. Kristeva ao freudismo, já que propõe uma atenção particular ao sensorial, ao não verbal. A Psicanálise surge de seu ponto de vista como copresença sexualidade-pensamento. Julga que Freud propõe-nos algo diferente de um modelo de linguagem, na verdade um modelo de "significância", bem mais abrangente, pressupondo a linguagem e seu substrato pulsional. Isso anuncia domínios fecundos de pesquisa para a Psicanálise contemporânea.

"A insistência sobre o sentido (sensação), a utilização da palavra erotizada na transferência são o sinal de reconhecimento essencial dessa aventura singular que é a descoberta freudiana."

Uma Psicanálise do Sensível: A noção de experiência

Numa palestra de lançamento de seu livro *O Tempo Sensível – Proust e a experiência literária*, tive pela primeira vez contato com seu pensamento e com o destaque que ela dá à noção de experiência. Retomando o ponto de vista filosófico, J. Kristeva vai redimensionar essa noção: "A experiência marca um traço de união frágil, doloroso ou jubilatório do corpo à ideia, que tornam caducas essas distinções".

A concepção de "experiência" implica, na tradição filosófica, numa copresença com a plenitude do Ser, o que não quer dizer que o corpo esteja sempre incluído nessa perspectiva. Ao contrário, a dicotomia imaginada por Platão entre as ideias e o mundo sensível fez adeptos. É na República de Platão que Kristeva localiza a "cicatriz" da origem desse debate. Mas, na filosofia pré-socrática, podemos compreender a "experiência" por meio do papel essencial da sensibilidade. A extraordinária concepção da alma como equilíbrio do corpo vivente vem provavelmente dos sofistas.

A experiência adquire assim seu sentido. Ela é a possibilidade de o ser humano sentir o mundo e dele tomar conhecimento, deixando penetrar-se pelas sensações. Segundo J. Kristeva, uma pessoa com "experiência" é aquela que reúne pensamento, afetividade, sensorialidade. Afirma: "Meus alunos seguem os professores que lhe fornecem informações, mas eles respeitam – e por vezes adoram – aquele que anima seu discurso com uma 'experiência'. É, sem dúvida, seu caso. E foi o que me fez acompanhar seu curso como doutoranda na Universidade Paris 7 e tê-la como referência teórico-clínica em minha tese sobre "A Memória corporal e a Transferência".

É dentro dessa noção de experiência que J. Kristeva vai incluir a experiência sensível e analisar a obra literária de Proust. A experiência proustiana leva-nos ao "tempo sensível de nossas memórias subjetivas". Trata-se da busca infinita desse tempo perdido, desse tempo invisível. Proust faz ressoar a memória das sensações até as palavras e vice-versa. As sensações seriam a carne de nossa memória, assim poderíamos dizer.

Desde o exemplo mais conhecido da "madeleine embebida no chá", são inúmeras as passagens descritas em que o personagem principal revive a força de um choque sensorial que pode ficar em ligação permanente com o imaginário subjetivo, numa memória que podemos chamar de memória corporal. Proust refere-se a uma memória involuntária!

Ele prossegue em toda a sua obra inundando-nos dessas sensações, fazendo-nos sentir esse gosto da infância. É em relação ao sonho que Proust privilegia as sensações, mais que as lembranças abstratas. Segundo ele, a intensidade das sensações banha e movimenta o sonhador. É como se houvesse um "segundo apartamento".

Nós estamos então lá, dentro desse apartamento recolhido da sensação indizível, uma câmera obscura que segundo Kristeva não é uma defesa contra a libido, mas os traços arcaicos de sua não diferenciação, de sua fusão com o continente, desse ainda não outro que o autista experimenta provavelmente a sua maneira.

J. Kristeva denomina "caverna sensorial" essa experiência não informada ainda pela experiência cognitiva e, via de regra, rebelde a esta. É uma caverna sensorial desprovida de símbolos, constituída das "representações de coisa" e parte essencial da experiência psíquica de todo sujeito falante.

Desde que consideremos ter uma caverna sensorial, podemos pensar que alguns de nós a vivem como uma catástrofe psíquica (os autistas são o extremo limite), outros tiram dela o gozo (as histéricas, no caso), e outros tentam conduzi-la a um discurso.

O autista permanece nessa caverna sensorial, de maneira trágica, em seu mundo de sensações extremas. Ele a fixa e a torna intraduzível. Nesse sentido podemos dizer que Proust tem sucesso onde o autista fracassa. É na escrita, na arte da literatura, que ele reencontra o tempo perdido, extrai o sentido (sensação) de seu apartamento obscuro, arranca-o do indizível, dá-lhe signo, sentido e objeto. "Reencontrar a memória seria criá-la, criando as palavras, pensamentos novos."

Se a sensação-percepção, domínio essencial e arcaico da experiência psíquica, não é reabsorvida pela linguagem e permanece em todos os sujeitos, mais ou menos irredutíveis a ela, essa irredutibilidade entre o sensorial e o cognitivo não é necessariamente vivida sob a forma dolorosa do resíduo autista, mas sob outros aspectos cujos testemunhos, entre outros, são a perversão, a arte e a psicanálise. Para J. Kristeva, a escrita é a terapia da caverna sensorial.

Podemos traçar um paralelo entre o percurso proustiano e o analítico em busca de um tempo sensível, de uma memória em parte não simbolizada, não representada. O "tempo reencontrado" não seria simplesmente uma reconciliação com o passado, mas uma construção: dar nome ao inominável.

Tudo isso nos remete às sensações indizíveis de nossos pacientes modernos. Como tarefa do analista coloca-se então a "sorte eventual de metabolizar a autossensualidade inominável em discurso conciliável".

> Assim, a partir de fixações sensoriais, a análise trabalha de início os jogos sensoriais, depois as palavras – mas as palavras-prazer, palavras-coisa, palavras-fetiche. Podemos chamar essa nominação, à qual se lança o terapeuta, de uma arte de fazer, a partir da carne dos signos, os objetos transicionais. No tratamento das afecções narcísicas essa arte impõe-se mais do que no tratamento de qualquer outra. A coisificação da palavra, sua fetichização, parece ser uma passagem obrigatória da sensação à ideia.

Dessa forma as palavras alimentam-se das sensações. Não são mais vazias, são palavras com temperatura, como nos diz Chico Buarque em sua música "Palavra".

No trabalho analítico queremos encontrar palavras capazes de nomear os signos sensoriais, palavras que sejam elas mesmas atos sensoriais de significação. A aquisição de uma palavra que possa devolver ao sujeito sua capacidade de representação psíquica é, com efeito, o princípio do tratamento psicanalítico.

Não é suficiente, no entanto, dizer que o paciente em análise fez uma rememoração, uma repetição. Ele faz uma revolta, um retorno que visa um deslocamento, e para tal terá de entrar em contato com seu tempo sensível.

É dessa Psicanálise que estamos falando. Uma Psicanálise do sensível, que seja constituída pelo substrato energético das pulsões, a determinação do sentido pelo desejo sexual e a inscrição do tratamento na transferência (compreendida como reatualização dos traumas psicossensoriais).

Lembrando o título de um dos capítulos da obra citada de Kristeva sobre Proust, na qual ela se interroga: "É a sensação uma linguagem?", pensamos ter fornecido elementos para uma resposta a essa questão. E ter evidenciado a contribuição dessa analista no restabelecimento do lugar do sensorial na teoria e técnica psicanalíticas.

Bibliografia

Anzieu, D., *Le Moi-Peau*, in "Nouvelle Revue de Psychanalyse", n. 9, Paris, Gallimard, p. 195-208, 1974.

_____, *L'Image, le texte et la pensée*, in "Nouvelle Revue de Psychanalyse", n. 16, Paris, Ed. Gallimard, 1977.

_____, *O Eu-Pele*, São Paulo, Casa do Psicólogo (1985), 1989.

_____, *L' Épiderme nômade et La peau psychique*, Paris, Apsygée, 1990.

Anzieu, D. e Monjauze, M., *Francis Bacon ou le portrait de l'homme désespécé*, Paris, Seuil/ Archimbaud, 2004.

Bacon, F., *Coleção Descobrindo a Arte do Século XX*, Rio de Janeiro, Ed. Civilização Brasileira, 1995.

_____, *Les Grands Maîtres, Centre Georges Pompidou*, Paris, Ed. Beaux Arts, 1996.

Balint, M., *A falha básica – aspectos terapêuticos da regressão*, Porto Alegre, Ed. Artes Médicas, 1993.

Bick, E., *The experience of the skin in early object-relations*, in "International Journal of Psycho-analysis", vol. 49, p. 484-486, 1968.

Calvino, I., *O caminho de San Giovanni*, Rio de Janeiro, Cia. das Letras, 2000.

_____, *Seis propostas para o próximo milênio*, São Paulo, Ed. Companhia das Letras, 2001.

Camus, A., *O Primeiro Homem*, Rio de Janeiro, Nova Fronteira, 1994.

DAMÁSIO, A. R., *O mistério da consciência*, São Paulo, Cia. das Letras, 2000.

DARWIN, C. R., *The Expression of the Emotions in Man and Animals*, Chicago, University of Chicago Press, 1965.

FÉDIDA, P., *Communication et Représentation*, Paris, P.U.F., 1986.

_____, *L'Angoisse dans le contre-transfert ou l'inquiétante étrangeté du transfert*, in "Revue Topique", n. 41, Paris, Épi, 1988.

_____, *Auto-érotisme et autisme – conditions d'efficacité d'un paradigme en psychopathologie*, in "Revue Internationale de Psychopathologie", n. 2, Paris, P.U.F., 1990.

_____, *Contre-transfert, crise et métaphore – une psychanalyse est une psychothérapie compliquée*, in "Revue Française de Psychanalyse", n. 2, Paris, P.U.F., 1991.

_____, *Nome, Figura e Memória – a linguagem na situação analítica*, S. Paulo, Ed. Escuta, 1992.

_____, *La Régression, formes et déformations*, in "Revue Internationale de Psychopathologie", Paris, P.U.F., 1994.

_____, *O Sítio do Estrangeiro – a situação psicanalítica*, São Paulo, Ed. Escuta, 1996.

_____, *O movimento do informe*, in "Pulsional Revista de Psicanálise", S. Paulo, Escuta, ano XII, n. 121, p. 21-31, 1999.

_____, *Par où commence le corps humain – retour sur la régression*, Paris, PUF, 2001.

_____, *Dos Benefícios da Depressão – elogio da psicoterapia*, São Paulo, Ed. Escuta, 2002.

_____, *Seminário Clínico*, in *"Percurso – revista de Psicanálise"*, ano XVI, n. 31-32. S. Paulo, 2003/2004.

FERENCZI, S., *Elasticité de la Technique Psychanalytique* (1928) in "Oeuvres complètes", Psychanalyse 4, Paris, Payot, 1982.

_____, *Réflexions sur le traumatisme* (1931/32), in "Oeuvres complètes", Psychanalyse 4 (1927-1933), Paris, Payot, 1982.

_____, *Thalassa – essai sur une théorie de la génitalité* (1914/15-24), in "Oeuvres complètes", t. III (1919-1926), Paris, Payot, 1977.

_____, *Tranfert et Introjection* (1909), in "Oeuvres complètes", Psychanalyse 1 (1908-1912), Paris, Payot, 1968.

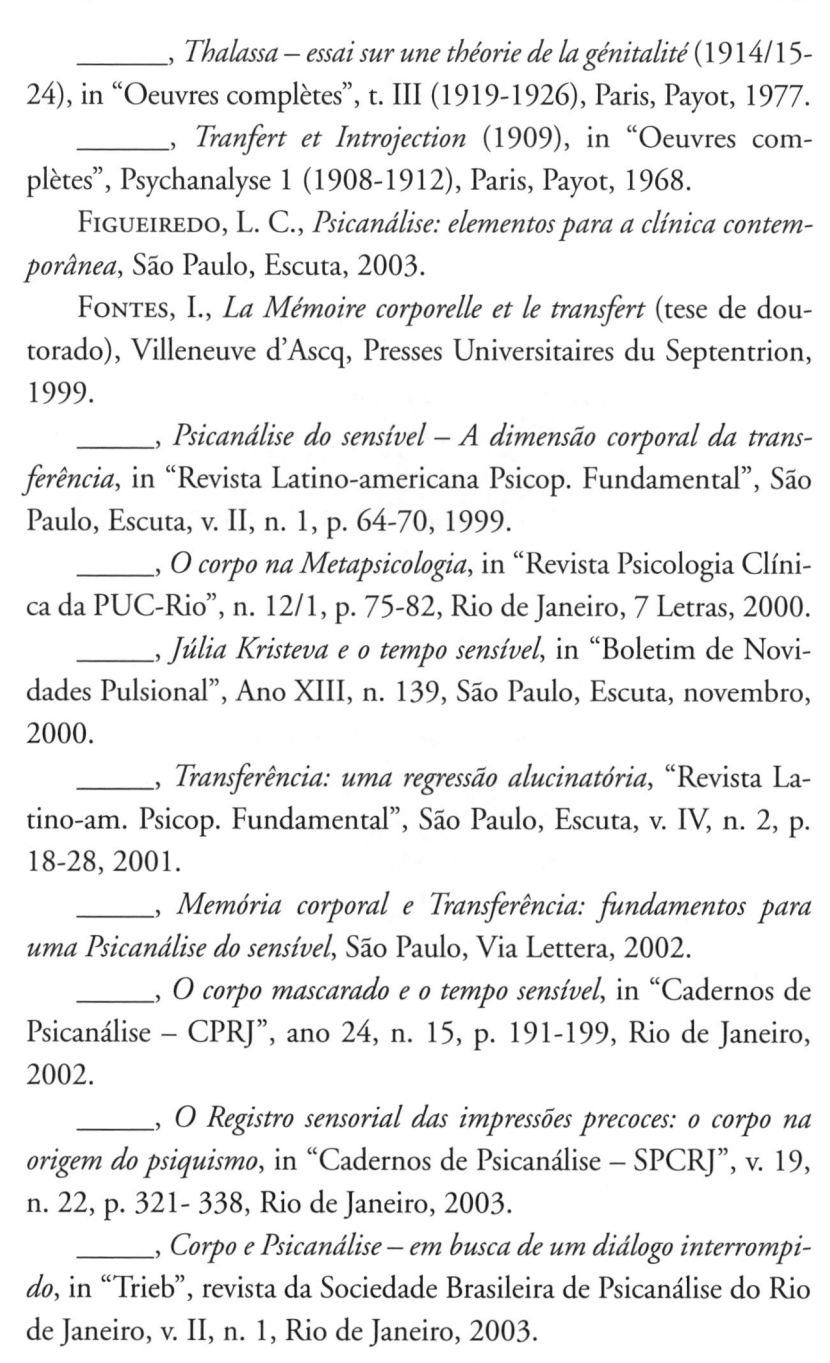

FIGUEIREDO, L. C., *Psicanálise: elementos para a clínica contemporânea*, São Paulo, Escuta, 2003.

FONTES, I., *La Mémoire corporelle et le transfert* (tese de doutorado), Villeneuve d'Ascq, Presses Universitaires du Septentrion, 1999.

_____, *Psicanálise do sensível – A dimensão corporal da transferência*, in "Revista Latino-americana Psicop. Fundamental", São Paulo, Escuta, v. II, n. 1, p. 64-70, 1999.

_____, *O corpo na Metapsicologia*, in "Revista Psicologia Clínica da PUC-Rio", n. 12/1, p. 75-82, Rio de Janeiro, 7 Letras, 2000.

_____, *Júlia Kristeva e o tempo sensível*, in "Boletim de Novidades Pulsional", Ano XIII, n. 139, São Paulo, Escuta, novembro, 2000.

_____, *Transferência: uma regressão alucinatória*, "Revista Latino-am. Psicop. Fundamental", São Paulo, Escuta, v. IV, n. 2, p. 18-28, 2001.

_____, *Memória corporal e Transferência: fundamentos para uma Psicanálise do sensível*, São Paulo, Via Lettera, 2002.

_____, *O corpo mascarado e o tempo sensível*, in "Cadernos de Psicanálise – CPRJ", ano 24, n. 15, p. 191-199, Rio de Janeiro, 2002.

_____, *O Registro sensorial das impressões precoces: o corpo na origem do psiquismo*, in "Cadernos de Psicanálise – SPCRJ", v. 19, n. 22, p. 321- 338, Rio de Janeiro, 2003.

_____, *Corpo e Psicanálise – em busca de um diálogo interrompido*, in "Trieb", revista da Sociedade Brasileira de Psicanálise do Rio de Janeiro, v. II, n. 1, Rio de Janeiro, 2003.

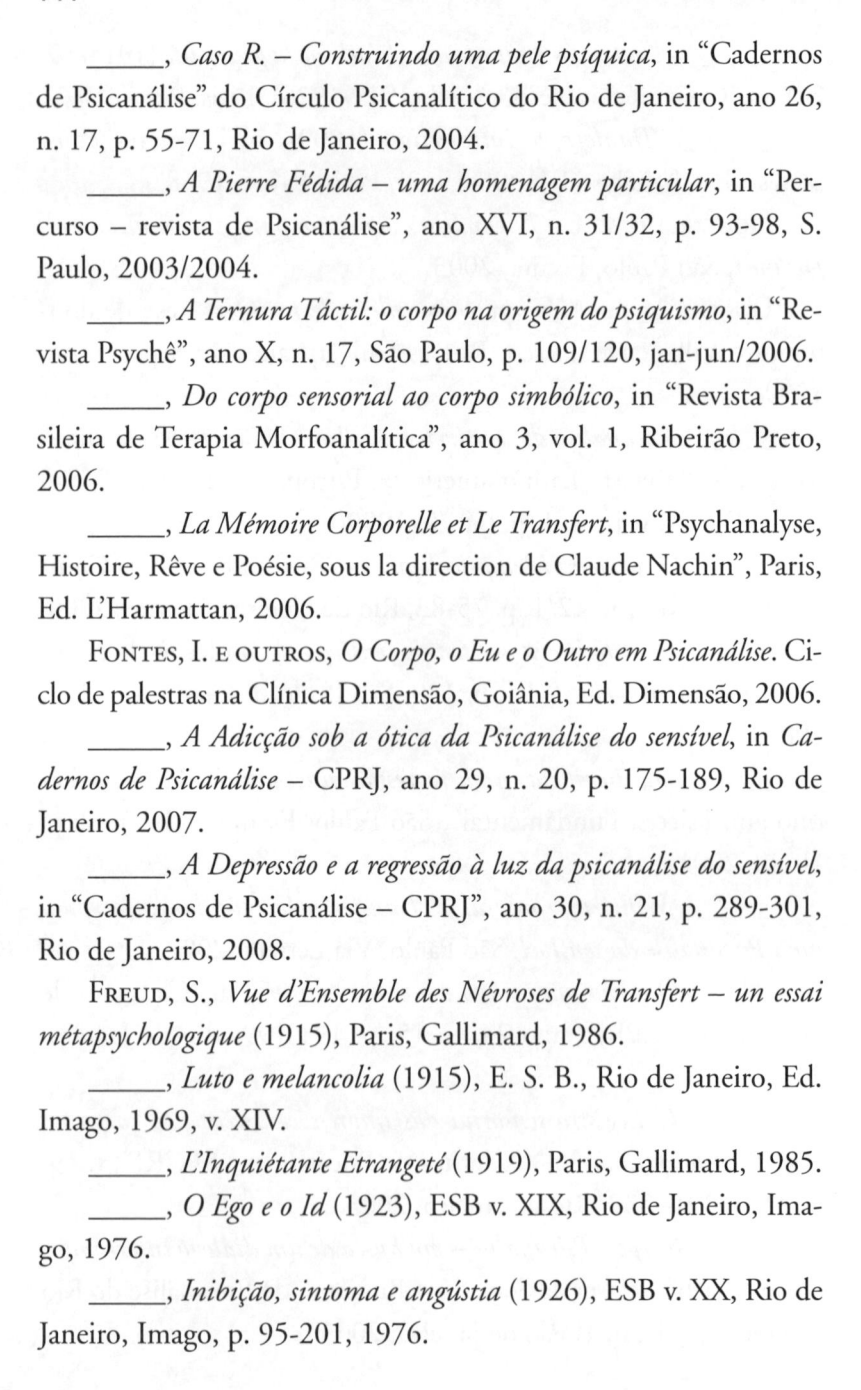

_____, *Caso R. – Construindo uma pele psíquica*, in "Cadernos de Psicanálise" do Círculo Psicanalítico do Rio de Janeiro, ano 26, n. 17, p. 55-71, Rio de Janeiro, 2004.

_____, *A Pierre Fédida – uma homenagem particular*, in "Percurso – revista de Psicanálise", ano XVI, n. 31/32, p. 93-98, S. Paulo, 2003/2004.

_____, *A Ternura Táctil: o corpo na origem do psiquismo*, in "Revista Psychê", ano X, n. 17, São Paulo, p. 109/120, jan-jun/2006.

_____, *Do corpo sensorial ao corpo simbólico*, in "Revista Brasileira de Terapia Morfoanalítica", ano 3, vol. 1, Ribeirão Preto, 2006.

_____, *La Mémoire Corporelle et Le Transfert*, in "Psychanalyse, Histoire, Rêve e Poésie, sous la direction de Claude Nachin", Paris, Ed. L'Harmattan, 2006.

FONTES, I. E OUTROS, *O Corpo, o Eu e o Outro em Psicanálise*. Ciclo de palestras na Clínica Dimensão, Goiânia, Ed. Dimensão, 2006.

_____, *A Adicção sob a ótica da Psicanálise do sensível*, in *Cadernos de Psicanálise* – CPRJ, ano 29, n. 20, p. 175-189, Rio de Janeiro, 2007.

_____, *A Depressão e a regressão à luz da psicanálise do sensível*, in "Cadernos de Psicanálise – CPRJ", ano 30, n. 21, p. 289-301, Rio de Janeiro, 2008.

FREUD, S., *Vue d'Ensemble des Névroses de Transfert – un essai métapsychologique* (1915), Paris, Gallimard, 1986.

_____, *Luto e melancolia* (1915), E. S. B., Rio de Janeiro, Ed. Imago, 1969, v. XIV.

_____, *L'Inquiétante Etrangeté* (1919), Paris, Gallimard, 1985.

_____, *O Ego e o Id* (1923), ESB v. XIX, Rio de Janeiro, Imago, 1976.

_____, *Inibição, sintoma e angústia* (1926), ESB v. XX, Rio de Janeiro, Imago, p. 95-201, 1976.

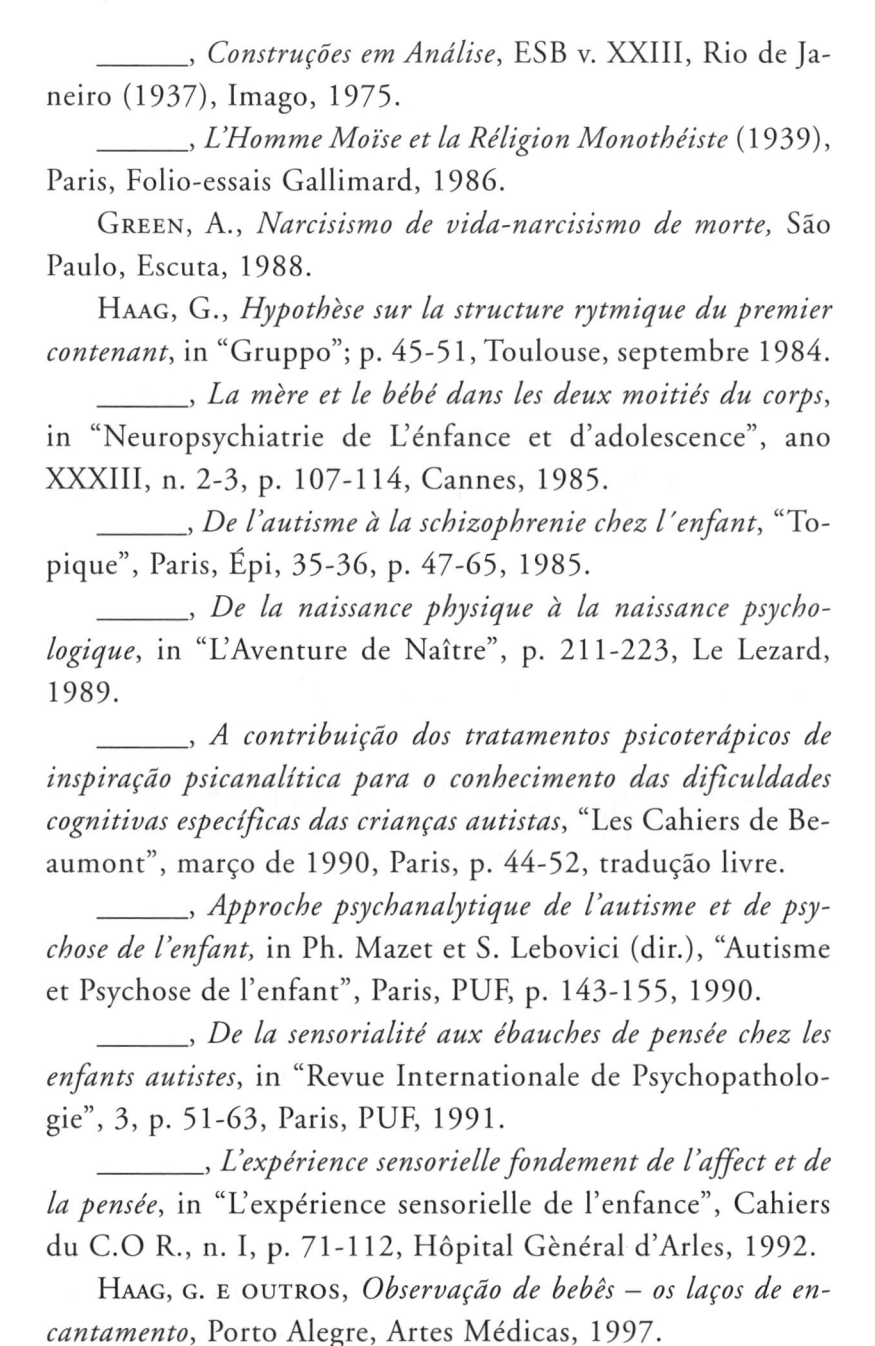

_____, *Construções em Análise*, ESB v. XXIII, Rio de Janeiro (1937), Imago, 1975.

_____, *L'Homme Moïse et la Réligion Monothéiste* (1939), Paris, Folio-essais Gallimard, 1986.

GREEN, A., *Narcisismo de vida-narcisismo de morte*, São Paulo, Escuta, 1988.

HAAG, G., *Hypothèse sur la structure rytmique du premier contenant*, in "Gruppo"; p. 45-51, Toulouse, septembre 1984.

_____, *La mère et le bébé dans les deux moitiés du corps*, in "Neuropsychiatrie de L'énfance et d'adolescence", ano XXXIII, n. 2-3, p. 107-114, Cannes, 1985.

_____, *De l'autisme à la schizophrenie chez l'enfant*, "Topique", Paris, Épi, 35-36, p. 47-65, 1985.

_____, *De la naissance physique à la naissance psychologique*, in "L'Aventure de Naître", p. 211-223, Le Lezard, 1989.

_____, *A contribuição dos tratamentos psicoterápicos de inspiração psicanalítica para o conhecimento das dificuldades cognitivas específicas das crianças autistas*, "Les Cahiers de Beaumont", março de 1990, Paris, p. 44-52, tradução livre.

_____, *Approche psychanalytique de l'autisme et de psychose de l'enfant*, in Ph. Mazet et S. Lebovici (dir.), "Autisme et Psychose de l'enfant", Paris, PUF, p. 143-155, 1990.

_____, *De la sensorialité aux ébauches de pensée chez les enfants autistes*, in "Revue Internationale de Psychopathologie", 3, p. 51-63, Paris, PUF, 1991.

_____, *L'expérience sensorielle fondement de l'affect et de la pensée*, in "L'expérience sensorielle de l'enfance", Cahiers du C.O R., n. I, p. 71-112, Hôpital Gènéral d'Arles, 1992.

HAAG, G. E OUTROS, *Observação de bebês – os laços de encantamento*, Porto Alegre, Artes Médicas, 1997.

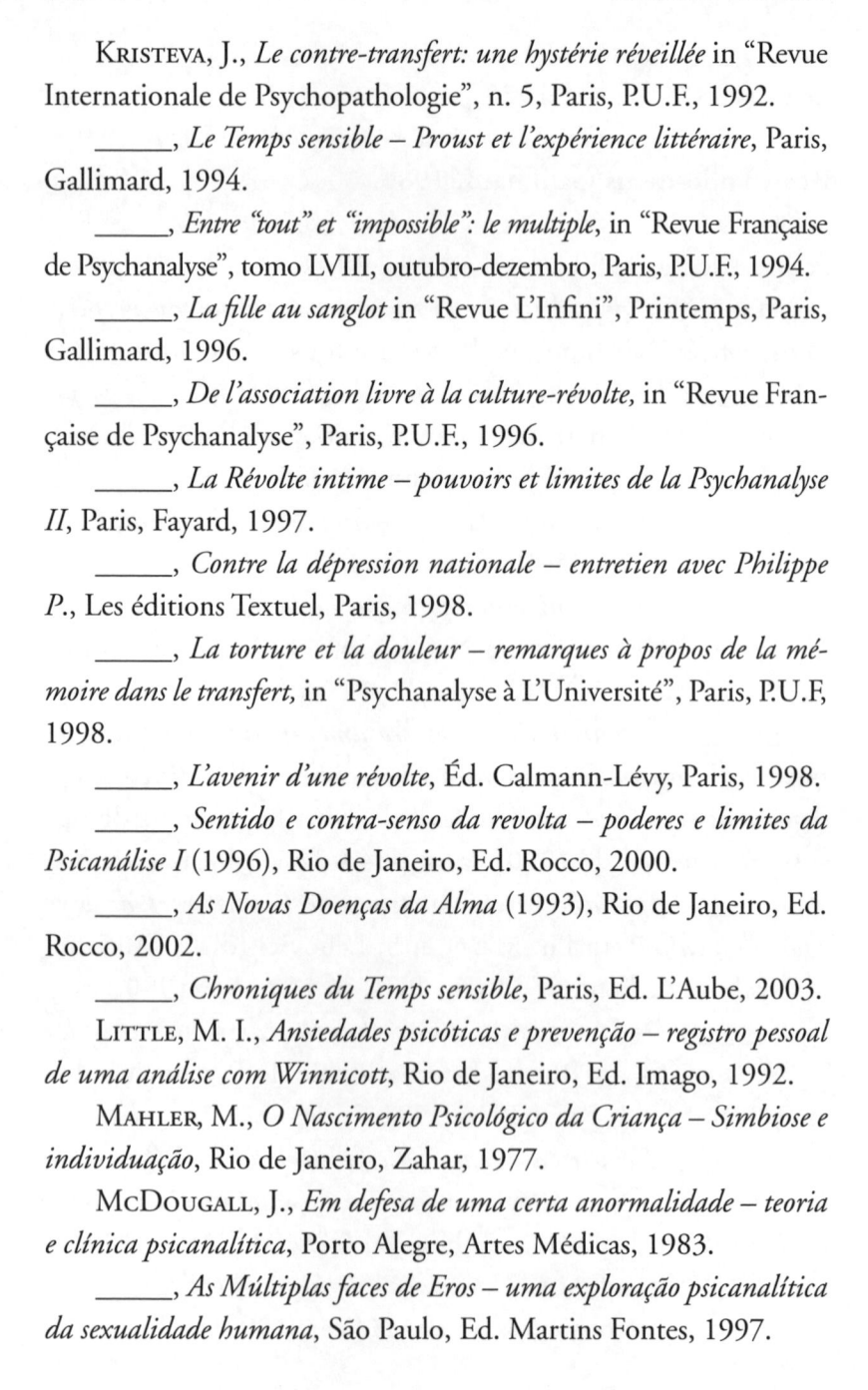

Kristeva, J., *Le contre-transfert: une hystérie réveillée* in "Revue Internationale de Psychopathologie", n. 5, Paris, P.U.F., 1992.

_____, *Le Temps sensible – Proust et l'expérience littéraire*, Paris, Gallimard, 1994.

_____, *Entre "tout" et "impossible": le multiple*, in "Revue Française de Psychanalyse", tomo LVIII, outubro-dezembro, Paris, P.U.F., 1994.

_____, *La fille au sanglot* in "Revue L'Infini", Printemps, Paris, Gallimard, 1996.

_____, *De l'association livre à la culture-révolte*, in "Revue Française de Psychanalyse", Paris, P.U.F., 1996.

_____, *La Révolte intime – pouvoirs et limites de la Psychanalyse II*, Paris, Fayard, 1997.

_____, *Contre la dépression nationale – entretien avec Philippe P.*, Les éditions Textuel, Paris, 1998.

_____, *La torture et la douleur – remarques à propos de la mémoire dans le transfert*, in "Psychanalyse à L'Université", Paris, P.U.F, 1998.

_____, *L'avenir d'une révolte*, Éd. Calmann-Lévy, Paris, 1998.

_____, *Sentido e contra-senso da revolta – poderes e limites da Psicanálise I* (1996), Rio de Janeiro, Ed. Rocco, 2000.

_____, *As Novas Doenças da Alma* (1993), Rio de Janeiro, Ed. Rocco, 2002.

_____, *Chroniques du Temps sensible*, Paris, Ed. L'Aube, 2003.

Little, M. I., *Ansiedades psicóticas e prevenção – registro pessoal de uma análise com Winnicott*, Rio de Janeiro, Ed. Imago, 1992.

Mahler, M., *O Nascimento Psicológico da Criança – Simbiose e individuação*, Rio de Janeiro, Zahar, 1977.

McDougall, J., *Em defesa de uma certa anormalidade – teoria e clínica psicanalítica*, Porto Alegre, Artes Médicas, 1983.

_____, *As Múltiplas faces de Eros – uma exploração psicanalítica da sexualidade humana*, São Paulo, Ed. Martins Fontes, 1997.

MELTZER, D., *La perception de ses propres attributs et as relation avec le développement du premier langage*, in "Bulletin du G. E. R. P. E. N.", n. 4, p. 43-52, nov. 1985.

PARAT, C., *Transfert et relation em analyse*, in "Revue Française de Psychanalyse", Paris, P.U.F., 1981.

_____, *À propos de la thérapeutique analytique*, in "Revue Française de Psychanalyse", n. 1, Paris, P.U.F., 1991.

PONTALIS, J. -B., *Entre le Revê et la Douleur*, Paris, Gallimard, 1977.

_____, *Perdre de vue, Coll. Connaissance de l'inconscient*, Paris, Gallimard, 1988.

_____, *O ISSO em letras maiúsculas* (1997), trad. Port. In "Revista Percurso", n. 23, p. 5-15, abril/2000.

QUINODOZ, D., *Le vertige dans la cure*, in "Revue Française de Psychanalyse", n. 2, Paris, P.U.F., 1990.

ROSENFELD, D., *The notion of a psychotic body image in neurotic and psychotic patients*, in "International Psychoanalytic Congress", Finland, 1981.

SAFRA, G., *O Manejo da Resistência na Clínica*, em Winnicott, aula transcrita na PUC em 14/4/1998.

_____, *A Po-ética na clínica contemporânea*, Aparecida, São Paulo, Ed. Idéias e Letras, 2004.

STYRON, W., *Perto das Trevas*, Rio de Janeiro, Ed. Rocco, 1991.

TOROK, M., COVELLO, A. e GENTIS, R., *Entretien autour de Sandor Ferenczi*, in *Bloc-notes de Psychanalyse* n. 2, 1982.

TUSTIN, F. [1972], *Autisme et psychose de l'enfant*, Paris, Seuil, 1977.

_____, *Barreiras autistas em pacientes neuróticos* (em francês: Le Trou Noir de la psyché), Porto Alegre, Artes Médicas, 1990.

_____, *Conversation Psychanalytique*, Paris, Audit, 1994.

VILETE, P. E., *Regressão no processo analítico – a visão de Winnicott*, in "Revista Brasileira de Psicanálise", vol. 36(4), 2002, p. 835-843.

_____, *Perto das Trevas – a história de um colapso*, in "Revista Natureza Humana", vol. 6, n. 1, São Paulo, Ed. EDUC, jan./jun. 2004.

VINCENT, J.-D. e FERRY, L., *Qu'est-ce que l'homme? – sur les fondamentaux de la Biologie et de la Philosophie*, Paris, Ed. Odile Jacob, 2000.

WINNICOTT, D. W., *O brincar e a realidade*, Rio de Janeiro, Imago, 1975.

_____, *Natureza Humana* (1971), Rio de Janeiro, Imago, 1990.

_____, *Explorações Psicanalíticas*, Porto Alegre, Artes Médicas, 2005.

_____, *Da Pediatria à Psicanálise*, Rio de Janeiro, Ed. Imago, 2000.